AF748738

KI-Engineering Starterkit

Der praxisorientierte Leitfaden zum Erstellen, Trainieren und Bereitstellen einsatzbereiter KI-Anwendungen mit LLMs, MLOps und modernsten Tools – Schritt-für-Schritt-Projekte für angehende KI-Ingenieure

Nathan J. Halridge

1. Auflage
Copyright 2025 – Nathan J. Halridge
Alle Rechte vorbehalten.
Das Werk darf - auch teilweise - nur mit Genehmigung des Verlags vervielfältigt werden.

ISBN: 978-3-69104-700-4

Lucid Page Media (ein Imprint der Orbita Media GmbH)
Ericusspitze 4
20457 Hamburg
Deutschland

kontakt@lucidpagemedia.de
https://lucidpagemedia.com/de

Inhaltsverzeichnis

Einführung

Stellen Sie sich eine Welt vor, in der sich Branchen mit der Geschwindigkeit des Denkens anpassen, Unternehmen ihre Kunden erreichen, noch bevor Probleme überhaupt entstehen, und sich neue Karrierewege scheinbar über Nacht eröffnen. Das ist nicht die Hoffnung von morgen – sondern die Realität von heute für alle, die die transformative Kraft des KI-Engineerings nutzen.

Sie haben bereits Teile dieser Revolution erlebt: KI-gestützte Chatbots, die Kundenprobleme in Sekundenschnelle lösen, personalisierte Empfehlungen, die Ihr Einkaufserlebnis prägen, und intelligente Fabriken, in denen prädiktive Wartung teure Ausfälle verhindert, noch bevor sie eintreten.

Das sind keine abstrakten Konzepte, die nur Technologiegiganten oder Forschungslabors vorbehalten sind – es sind genau die Innovationen, die qualifizierte KI-Ingenieure täglich entwickeln. Und Sie sind nur wenige Schritte davon entfernt, zu diesem Kreis zu gehören.

KI ist bereits da: Von Gesundheit über Einzelhandel bis zur Fertigung

GESUNDHEIT DIAGNOSE FERTIGUNG

Doch wenn Sie dieses Buch in der Hand halten, sind Ihnen wahrscheinlich auch einige hartnäckige Mythen über KI begegnet.

Vielleicht dachten Sie: „Ich bin nicht brillant genug, um in diesem Bereich Fuß zu fassen“, oder „Meine mathematischen Fähigkeiten sind nicht auf Promotionsniveau“, oder sogar „KI ist zu gewaltig, zu geheimnisvoll und zu komplex, als dass ich darin erfolgreich sein könnte.“

Diese Überzeugungen halten talentierte und motivierte Menschen am Spielfeldrand – während andere die Zukunft gestalten.

Aber hier ist die Wahrheit: Praktisches KI-Engineering ist zugänglich, anwendbar und – vor allem – erlernbar für engagierte Softwareentwickler und technologiebegeisterte Menschen wie Sie.

Dieses Buch lädt Sie ein, Einschüchterung beiseitezulegen und durch praxisorientiertes Lernen mit Werkzeugen und Methoden, die das Fachgebiet entmystifizieren, Neugier in Kompetenz zu verwandeln.

Lassen Sie uns zunächst klären, was KI-Engineering wirklich bedeutet, damit Sie genau wissen, worauf Sie sich einlassen.
Anders als akademische Forschung oder reine Programmierung befindet sich das KI-Engineering an der Schnittstelle von Innovation und Nutzen.
Es ist die Domäne der Entwickler – dort, wo Modelle zu Produkten werden, Algorithmen zu einsatzfähigen Systemen heranwachsen und Code sich unmittelbar in geschäftlichen Mehrwert übersetzt.

Als KI-Ingenieur trainieren Sie Modelle nicht nur zum Zwecke der Forschung – Sie entwerfen, implementieren und liefern Lösungen, die reale Probleme lösen.
Ob es darum geht, eine Empfehlungslösung für Millionen von Nutzern bereitzustellen, ein Modell mit Docker für eine reibungslose Bereitstellung zu verpacken oder die Systemleistung mit MLflow zu überwachen – Ihre Aufgabe ist es, KI greifbar und wirkungsvoll zu machen.
Das ist es, was Sie von Theoretikern oder Hobbyisten unterscheidet – und warum KI-Engineering heute zu den gefragtesten Kompetenzbereichen in der Technologiebranche gehört.

Dieses Buch ist weder ein weiteres theoretisches Kompendium noch ein schwer verständliches technisches Handbuch, das im Regal verstaubt.
Die bevorstehende Reise dreht sich um Tun, nicht nur ums Lesen.
Jedes Kapitel enthält praxisorientierte Übungen, die Ihnen helfen, sich von einem Konzept-Lernenden zu einem Entwickler zu entwickeln, der konkrete Ergebnisse erzielt.

Indem Sie reale Projekte umsetzen, funktionierende KI-Anwendungen bereitstellen und wichtige Tools wie FastAPI, Docker und MLflow integrieren, erwerben Sie nicht nur Wissen – Sie bauen ein Portfolio funktionsfähiger, einsatzbereiter Systeme auf.
Dieses Portfolio ist ein starkes Zeugnis Ihrer Fähigkeiten und hilft Ihnen, sich auf dem Arbeitsmarkt klar zu positionieren.
Jede Übung wurde gezielt aufgrund ihrer Relevanz für den Aufbau und die

Bereitstellung moderner KI-Lösungen ausgewählt, sodass Sie nicht nur Anleitungen befolgen – Sie schaffen echte, vorzeigbare Ergebnisse.

Um Ihren Weg zu erleichtern und Ihren Fortschritt zu beschleunigen, enthält dieses Buch eine Reihe leistungsstarker Zusatzressourcen.
Gleich zu Beginn erhalten Sie Zugriff auf unseren GitHub-Portfolio-Blueprint – eine klare, professionelle Anleitung, wie Sie Ihre Projekte zusammenstellen, präsentieren und erläutern.
Außerdem schalten Sie das KI-Karrierepaket frei, gefüllt mit Lebenslauf-Optimierungen, anpassbaren Anschreiben-Vorlagen und kuratierten Checklisten, um sich in Bewerbungsverfahren zu differenzieren.
Dies sind dieselben Strategien, mit denen führende Ingenieure Vorstellungsgespräche gewinnen und ihren Wert nachweisen.

Das Ziel ist einfach: Ihnen ein komplettes Werkzeugset an die Hand zu geben, das Ihr Lernen unterstützt, Ihre Präsentation schärft und Sie schnell vom Kompetenzausbau zur Bewerbung bringt – mit Selbstvertrauen und klaren Belegen für Ihre Fähigkeiten.

Der Aufbau dieses Buches folgt einem klaren, logischen Fahrplan.
Wir beginnen mit grundlegenden Konzepten, um sicherzustellen, dass jeder das notwendige Basisverständnis besitzt, um Probleme zu definieren und wirksame Lösungen auszuwählen.
Von dort aus gehen wir zu den wichtigsten Werkzeugen über – Python-Bibliotheken, Frameworks und zentrale Tools, die jeder kompetente KI-Ingenieur beherrscht.

Anschließend arbeiten Sie sich durch eine Reihe praxisorientierter Tutorials, die in Komplexität und Realitätsnähe zunehmen: Datenerfassung, Vorverarbeitung, Modelltraining, Bewertung und Feinabstimmung.
Darauf folgt ein Kapitel zu Bereitstellungsstrategien – von der Containerisierung mit Docker bis zur API-Integration mittels FastAPI.

Doch kein technisches System ist vollständig ohne operative Exzellenz – deshalb lernen Sie auch Branchenstandards für Monitoring, Protokollierung und iterative Verbesserungen kennen, jene professionellen Gewohnheiten, die erfolgreiche KI-Ingenieure auszeichnen.
Abschließend konzentrieren wir uns darauf, Ihre Fähigkeiten in Karrierechancen zu verwandeln: Networking, technische Vorstellungsgespräche und der Einsatz Ihres Portfolios, um die Teams und Rollen zu erreichen, die Sie am meisten interessieren.

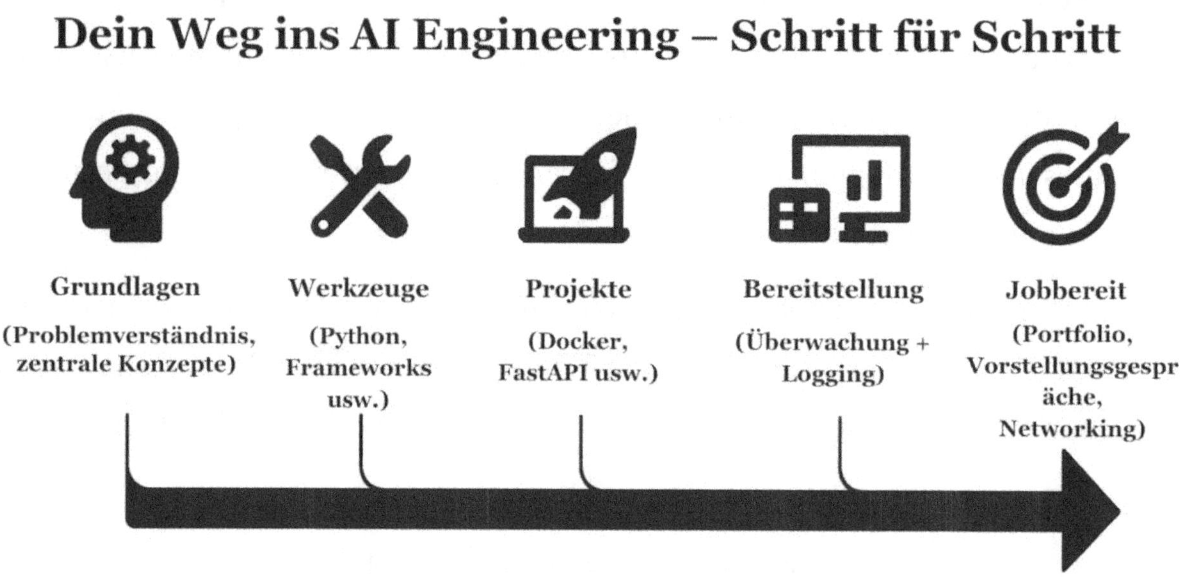

Jeder Abschnitt baut auf dem vorherigen auf und führt Sie Schritt für Schritt zu einem tieferen Verständnis – während Sie gleichzeitig praktische, berufsrelevante Fähigkeiten entwickeln.

Ich weiß, dass Sie möglicherweise mehr als nur dieses eine Ziel unter einen Hut bringen müssen. Viele Leser dieses Buches jonglieren mit anspruchsvollen Jobs, familiären Verpflichtungen oder einem vollen Studienalltag.
Deshalb ist der Lernansatz hier bewusst schrittweise und flexibel gestaltet. Die Übungen sind modular – Sie können sie einzeln durcharbeiten, das Lernen in Pendelzeiten oder Abendstunden integrieren und herausfordernde Abschnitte jederzeit erneut aufgreifen, wenn Sie eine Vertiefung brauchen.

Wenn Sie lieber gemeinsam mit anderen lernen, finden Sie Vorschläge für Gruppenarbeit sowie Checklisten für die Zusammenarbeit, die das Teamlernen erleichtern.
Beständige, kleine Schritte führen zu spürbarem Fortschritt. Dieses Buch respektiert Ihre Zeit und Ihre Lebensumstände – und hilft Ihnen, kontinuierlich Schwung aufzubauen, egal ob Sie täglich mehrere Stunden oder nur ein paar Minuten investieren können.

Sie haben jeden Grund, diesem Fahrplan zu vertrauen.
Meine eigene Laufbahn wurde durch Jahre des Aufbaus und der Bereitstellung KI-gestützter Lösungen in verschiedenen Branchen geprägt – von Finanzen und Fertigung über Gesundheitswesen bis hin zu E-Commerce.
Ich habe mit erstklassigen Teams gearbeitet, neue Ingenieure eingestellt und betreut und aus erster Hand erlebt, was die Menschen unterscheidet, die nur träumen, von denen, die tatsächlich liefern.

Neben dieser beruflichen Erfahrung wurden die besten Forschungsergebnisse und Best Practices der Industrie in diesem Buch zu handlungsorientierten, zugänglichen Frameworks verdichtet.
Jede Seite spiegelt ein klares Bekenntnis zu Verständlichkeit, Praxisnähe und realem Nutzen wider – entstanden aus der Praxis des KI-Engineerings.

Falls Sie sich je gefragt haben, ob jetzt der richtige Zeitpunkt zum Handeln ist, dann soll dies Ihr Zeichen sein: Es gibt keinen besseren Moment als heute.
Die Einstiegshürden waren nie niedriger – und die Nachfrage nach Machern, nach Ingenieuren, die KI-Lösungen entwerfen, umsetzen und betreiben können, war nie größer.

Mit dem Aufschlagen dieses Buches haben Sie bereits den ersten und wichtigsten Schritt in eine Zukunft voller Möglichkeiten getan, die Sie aktiv mitgestalten können.
Ihr nächster Durchbruch könnte Ihre Karriere verändern, Ihre Community beeinflussen – oder sogar Ihre Vorstellung davon, was für Sie möglich ist.

Warum also warten? Schlagen Sie Kapitel 1 auf, krempeln Sie die Ärmel hoch und legen Sie los – wie Tausende andere, die ihre Laufbahn durch KI-Engineering transformieren.
Ihre zukünftigen Kolleginnen und Kollegen, Ihr nächster Arbeitgeber und Ihre kreativen Ambitionen warten auf der anderen Seite.

Mit der richtigen Anleitung, gezielten Ressourcen und einem Fokus auf Umsetzung statt Theorie steht Ihnen die Welt praxisnaher, wirkungsvoller KI offen.
Legen wir los – Ihre Reise als KI-Ingenieur beginnt jetzt.

Kapitel 1

KI-Engineering-Start: Der Schlüssel zur Zukunft

Haben Sie sich schon einmal gefragt, was nötig ist, um intelligente Systeme zu entwickeln, die aus Daten lernen und Entscheidungen wie Menschen treffen? Wie gelingt es KI-Ingenieuren, komplexe Algorithmen in praxisnahe Werkzeuge zu verwandeln, die täglich in Bereichen wie Gesundheitswesen, Finanzwesen oder Industrie zum Einsatz kommen?

Viele Menschen glauben, dass der Einstieg in dieses Feld außergewöhnliches Talent oder fortgeschrittene Mathematikkenntnisse erfordert – aber stimmt das wirklich? Was wäre, wenn praktische Erfahrung und konsequentes Üben mehr zählten als theoretisches Wissen allein?

Solche Fragen halten viele angehende Fachkräfte davon ab, Chancen im KI-Engineering zu ergreifen.
Dieses Kapitel will mit diesen Annahmen aufräumen und zeigen, wie praxisnahes Lernen und reale Projekte Türen zu einer der am schnellsten wachsenden Karrierewege öffnen können.
Sie erfahren, wie Sie mit einem systematischen Ansatz, zugänglichen Tools und einem überzeugenden Portfolio erfolgreich in das KI-Engineering einsteigen.

Der reale Nutzen des KI-Engineerings

KI-Engineering befindet sich an der Schnittstelle von Informatik, Datenanalyse und Ingenieurwesen – und eröffnet Karrierewege, die klassische IT-Rollen inzwischen

deutlich überholen.
KI-Ingenieure entwerfen und verfeinern Algorithmen, die Maschinen dazu befähigen, menschliches Denken zu imitieren, auf neue Daten zu reagieren und komplexe Entscheidungen zu treffen.

Im Gegensatz zu klassischen IT-Fachkräften – die bestehende Systeme, Netzwerke oder Code innerhalb vorgegebener Strukturen betreuen – liegt der Fokus von KI-Ingenieuren auf Innovation.
Sie entwickeln intelligente, adaptive Lösungen von Grund auf oder verbessern bestehende Systeme durch intelligente Funktionen.
Während etwa ein IT-Administrator Serverprobleme behebt, entwickelt ein KI-Ingenieur Modelle, die Ausfälle voraussagen und verhindern – noch bevor sie eintreten (Johns Hopkins University, 2024).

Zu den wichtigsten technischen Kompetenzen für diesen Wandel gehören Deep Learning, neuronale Netze, Big-Data-Verarbeitung und Natural Language Processing (NLP).
Diese Fähigkeiten ermöglichen es Ingenieuren, zukunftsweisende Lösungen mit echtem Mehrwert zu liefern.
Ein aktuelles Beispiel ist die Rolle des Prompt Engineers – jemand, der Eingaben gestaltet, die KI-Systeme gezielt zu ausgewogenen, präzisen Ergebnissen führen – ein Beruf, den es vor zehn Jahren noch nicht gab (University of San Diego, 2024).

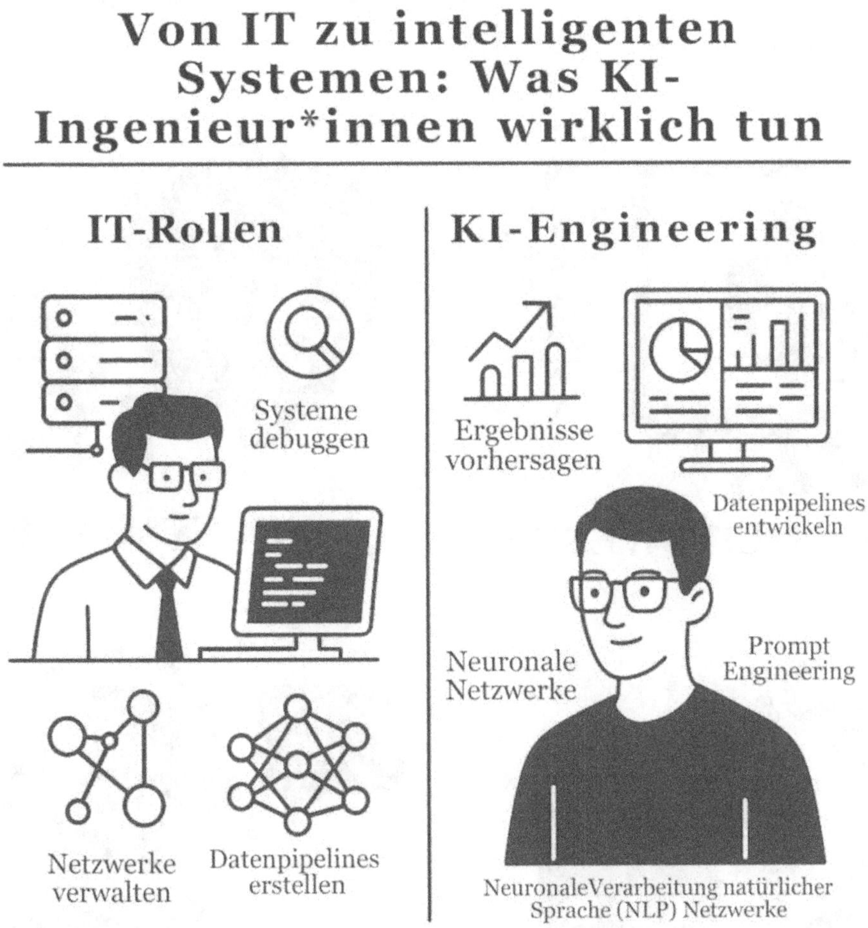

Auf dem Arbeitsmarkt werden Fachkräfte mit KI-Expertise in unterschiedlichsten Rollen gesucht:
Machine Learning Engineer, NLP-Spezialist, KI-Ethiker, Prompt Engineer oder Automatisierungstechniker für Robotik (University of San Diego, 2024).
Diese Experten arbeiten längst nicht nur bei Tech-Unternehmen, sondern auch in der Automobilbranche, Luft- und Raumfahrt, im Gesundheitswesen und im Finanzsektor.

Gehalts- und Beschäftigungstrends bestätigen diesen Wandel:
Das mittlere Jahresgehalt für Machine Learning Engineers in den USA liegt regelmäßig über 120.000 US-Dollar.
Laut LinkedIn verzeichneten KI-bezogene Stellenangebote zwischen 2016 und 2021 ein jährliches Wachstum von 74 %.
Große Arbeitgeber wie Google, IBM oder Amazon schreiben fortlaufend tausende

offene Positionen für KI-Fachkräfte aus – ein klares Zeichen für ein dynamisches und nachhaltiges Karrierewachstum.

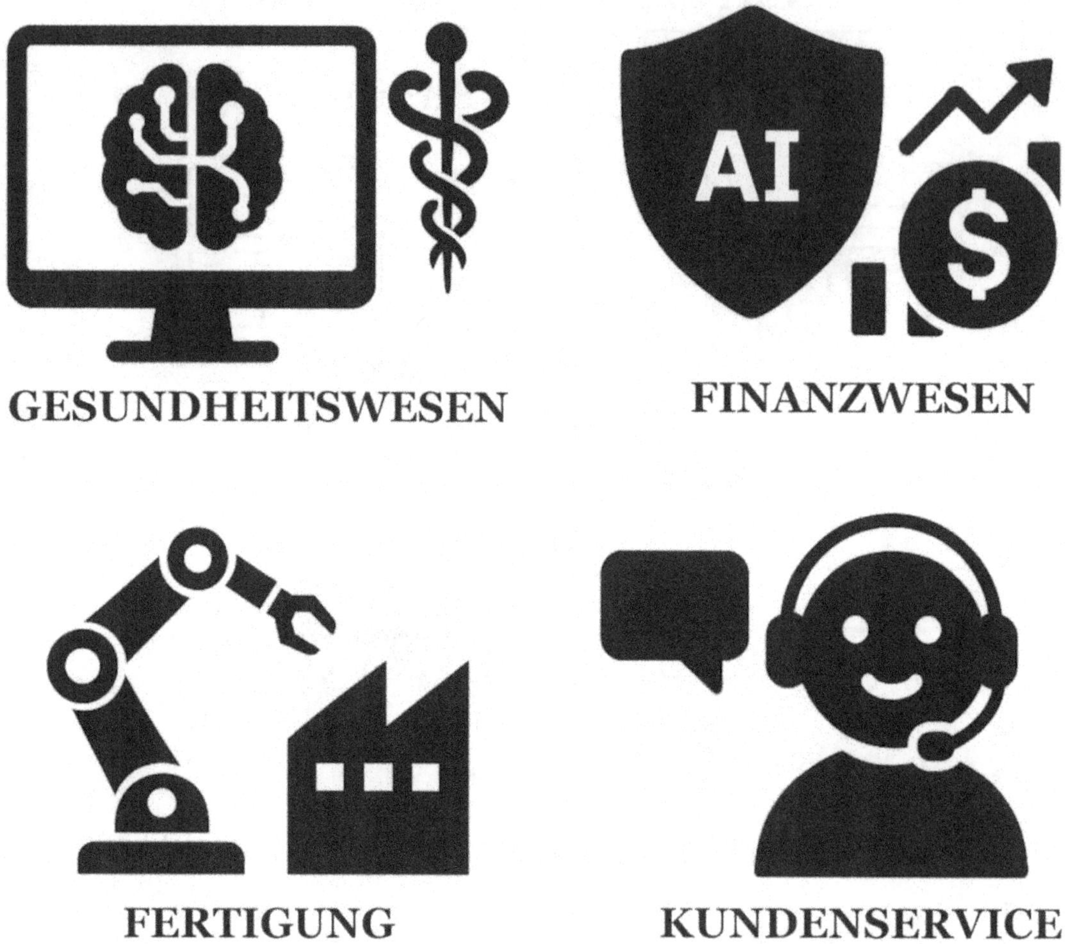

KI verändert aktuell ganze Branchen, die früher nur langsam auf technologische Neuerungen reagierten.

Im Gesundheitswesen revolutioniert KI die Präzision und Geschwindigkeit von Diagnosen. Am Memorial Sloan Kettering Cancer Center analysieren Deep-Learning-Modelle Mammografien und Gewebeproben mit einer Erkennungsrate von bis zu 99 % – und reduzieren gleichzeitig Diagnosefehler bei Radiologen. Die University of California, San Francisco nutzt KI-gestützte Sprachverarbeitung zur Zusammenfassung

von Patientenhistorien und zur Empfehlung von Behandlungsplänen.
Solche Anwendungen sparen Zeit – und retten Leben – mit messbarem Effekt.

In der Finanzwelt dient KI als starkes Werkzeug gegen Betrug und Cyberkriminalität.
Die COiN-Plattform von J.P. Morgan nutzt Natural Language Processing und Machine Learning, um Millionen juristischer Dokumente in Sekunden statt Stunden auszuwerten.
Das KI-gestützte Betrugserkennungssystem von Capital One verhinderte allein in einem Jahr über 150 Millionen US-Dollar an betrügerischen Transaktionen – durch das Scannen von Millionen Transaktionen auf verdächtige Muster. Das Ergebnis: deutlich weniger Fehlalarme und besserer Kundenschutz.

In der Fertigung ermöglicht KI vorausschauende Wartung und robotergestützte Automatisierung. Siemens und General Electric setzen Machine-Learning-Modelle direkt in Produktionslinien ein, um Sensordaten wie Temperatur, Vibration oder Gerätezustand zu analysieren – und drohende Ausfälle frühzeitig zu verhindern (Johns Hopkins University, 2024).
Ford konnte die Stillstandzeiten am Fließband durch KI-gestützte Wartung um 30 % reduzieren – mit jährlichen Einsparungen in Millionenhöhe.
Fanuc wiederum nutzt neuronale Netze für die Qualitätskontrolle in Echtzeit und senkt damit die Fehlerquote um bis zu 70 %.

Auch im Kundenservice und in der Logistik liefert KI direkte Effizienzgewinne.
Der Chatbot „Erica“ von Bank of America verarbeitet monatlich über 10 Millionen Kundenanfragen, verkürzt die Wartezeiten um 65 % und leitet bis zu 30 % der Routineanfragen automatisch weiter – ohne menschliches Eingreifen.
Amazon wiederum optimiert mithilfe von KI seine Lieferketten – durch Prognosen zur Nachfrage, intelligente Lagerverwaltung und optimierte Routenplanung. Das Ergebnis: 40 % kürzere Lieferzeiten und deutlich gesenkte Betriebskosten (Johns Hopkins University, 2024).

Ein Großteil des Wachstums in diesem Sektor wird von Start-ups getrieben.
Scale AI – ein Anbieter von Datenannotation für autonome Fahrzeuge – erreichte kürzlich eine Bewertung von 7 Milliarden US-Dollar.
Das Health-Tech-Start-up Olive automatisiert mit KI die Bearbeitung von Versicherungsansprüchen und entlastet so das Klinikpersonal von repetitiven Verwaltungsaufgaben.
UiPath, ein führender Anbieter von Robotic Process Automation (RPA), ist über 10 Milliarden US-Dollar wert und expandiert weltweit, um die steigende Nachfrage nach KI-gestützter Prozessautomatisierung zu bedienen.

Die Entwicklung der Stellenmärkte spiegelt diese Dynamik wider.
Laut dem „Future of Jobs"-Bericht des Weltwirtschaftsforums wird die Nachfrage nach KI- und Big-Data-Kompetenzen bis 2025 um 16 % steigen (University of San Diego, 2024).
Neben großen Technologiezentren wie San Francisco, Toronto, London oder Bangalore ringen auch Branchen wie Gesundheitswesen, Automobilindustrie oder Finanzwesen verstärkt um KI-Fachkräfte.

Diese klar belegte Entwicklung zeigt, wie dringend Fachleute gebraucht werden, die KI-Lösungen entwickeln, optimieren und verantwortungsvoll steuern können – und widerlegt endgültig das Vorurteil, das Feld sei nur einer Elite vorbehalten.

Mythen entlarvt: KI-Engineering ist erlernbar

Viele glauben, dass nur Genies im KI-Engineering erfolgreich sein können.
Dieser „Genie-Mythos" hält fähige Menschen davon ab, sich überhaupt auf den Weg zu machen.
Tatsächlich ist KI-Engineering eine erlernbare Fähigkeit – sie entsteht durch Wiederholung, Feedback und das Lösen alltäglicher Probleme.

Viele heute erfolgreiche KI-Ingenieure begannen mit einfachen Python-Skripten, oft über Online-Kurse oder Freizeitprojekte – und arbeiteten sich Schritt für Schritt vor, bis hin zu Open-Source-Projekten und Jobs bei Top-Technologieunternehmen.

Dieser erfahrungsgetriebene Werdegang zeigt eine wichtige Wahrheit: In der Technologie zählt konsequentes Üben mehr als angeborene Brillanz (Hornberger et al., 2023).
Die Botschaft für Leser: Geduld, Neugier und praktische Wiederholung wiegen schwerer als jedes vermeintliche Naturtalent.

Ein weiterer weit verbreiteter Irrtum betrifft mathematische Fähigkeiten – insbesondere die Annahme, dass man ohne fundierte Kenntnisse in Analysis keine Chance im KI-Engineering habe.
Zwar benötigen theoretische Forscher vertiefte Kenntnisse in Linearer Algebra, Analysis und Statistik, doch für die meisten praktischen Rollen reichen Grundlagen völlig aus: Basiswissen in Algebra, Wahrscheinlichkeitsrechnung und Statistik genügt, um Modelle zu verstehen und deren Leistung zu bewerten.

Dank moderner Bibliotheken ist die mathematische Komplexität stark abstrahiert. Tools wie TensorFlow, Keras oder Scikit-Learn ermöglichen den Einsatz leistungsstarker ML-Algorithmen, ohne die darunterliegenden Formeln selbst herleiten zu müssen („Why Age 13–19 Is Ideal for Learning AI“, LearnWithPride, 2025).
Statt Gradienten oder Verteilungen manuell zu berechnen, konzentrieren sich Ingenieure auf Pipelines, Modellanpassung und Interpretation der Ergebnisse. Mathematik wird damit zur nützlichen, aber keineswegs unüberwindbaren Hürde.

Auch Arbeitgeber verlagern ihren Fokus – von Theorie zu Praxis.
Beim Recruiting legen sie zunehmend Wert auf praktische Erfahrung: Arbeiten mit realen Datensätzen, Beiträge zu Teamprojekten, Teilnahme an Hackathons oder das Lösen konkreter Programmieraufgaben.
Wichtig sind nachgewiesene Fähigkeiten – etwa in der Modellbereitstellung, der Nutzung von Git oder der Zusammenarbeit in Teams.

Stellenanzeigen fordern oft: „Erfahrung mit Python und TensorFlow", „Umgang mit großen Datensätzen" oder „Starke Debugging-Skills" – doch höhere Mathematik wird nur für Forschungsrollen verlangt.
Zunehmend gefragt sind auch Prompt Engineering und KI-Interaktionsdesign – Fähigkeiten, die eher durch Anwendung als durch akademische Theorie entstehen („Why Age 13–19 Is Ideal for Learning AI", LearnWithPride, 2025).
Forschung bestätigt: Wer durch Projekte lernt und praktische Fähigkeiten einsetzt, ist besser auf die Arbeitswelt vorbereitet (Hornberger et al., 2023).

Die technischen Einstiegshürden sind heute so niedrig wie nie.
Wo früher tiefes Programmierwissen und teure Hardware nötig waren, reichen heute Plattformen wie Google Colab, um sofort Python-Code auszuführen – kostenlos und cloudbasiert.
Bibliotheken wie NumPy und Pandas vereinfachen die Datenverarbeitung; TensorFlow, Keras und Scikit-Learn stellen vorgefertigte ML-Modelle bereit.

Selbst Anfänger mit Grundkenntnissen können ab dem ersten Tag funktionierende Modelle bauen.
Tools wie Visual Studio Code oder Jupyter Notebook erleichtern den Einstieg durch übersichtliche, interaktive Programmierumgebungen („Why Age 13–19 Is Ideal for Learning AI", LearnWithPride, 2025).
Studien zeigen: Selbst Jugendliche entwickeln mit diesen Tools komplexe Projekte – vom Schul-Chatbot bis hin zu datenbasierten Analysen realer Probleme.

Praktische Einstiege ins KI-Engineering

Der verlässlichste Weg in dieses Feld beginnt mit kleinen Programmierprojekten und einer schrittweisen Erkundung von KI-Bibliotheken. Viele erfolgreiche Lernende gewinnen an Schwung, indem sie reale Probleme lösen – Aufgaben automatisieren, persönliche Daten analysieren oder an Online-Wettbewerben teilnehmen – anstatt auf eine perfekte theoretische Vorbereitung zu warten.

Mentoren zu finden und an Lerngemeinschaften teilzunehmen – sei es online oder in der Schule – bietet wertvolles Feedback und Orientierung. Der Aufbau eines Portfolios mit praxisnahen, relevanten Projekten hilft Lernenden, ihre Fähigkeiten auf eine Weise zu zeigen, die Arbeitgeber schätzen.

Dieser Ansatz bietet einen klaren, motivierenden Einstieg ins KI-Engineering. Man braucht kein Genie zu sein, keine höhere Mathematik zu beherrschen oder teure Tools zu kaufen – nur Neugier, Beständigkeit und die Bereitschaft, sich mit realen Problemen auseinanderzusetzen (Hornberger et al., 2023; Why Age 13–19 Is Ideal for Learning AI: The Science behind Teen AI Mastery – LearnWithPride, 2025).

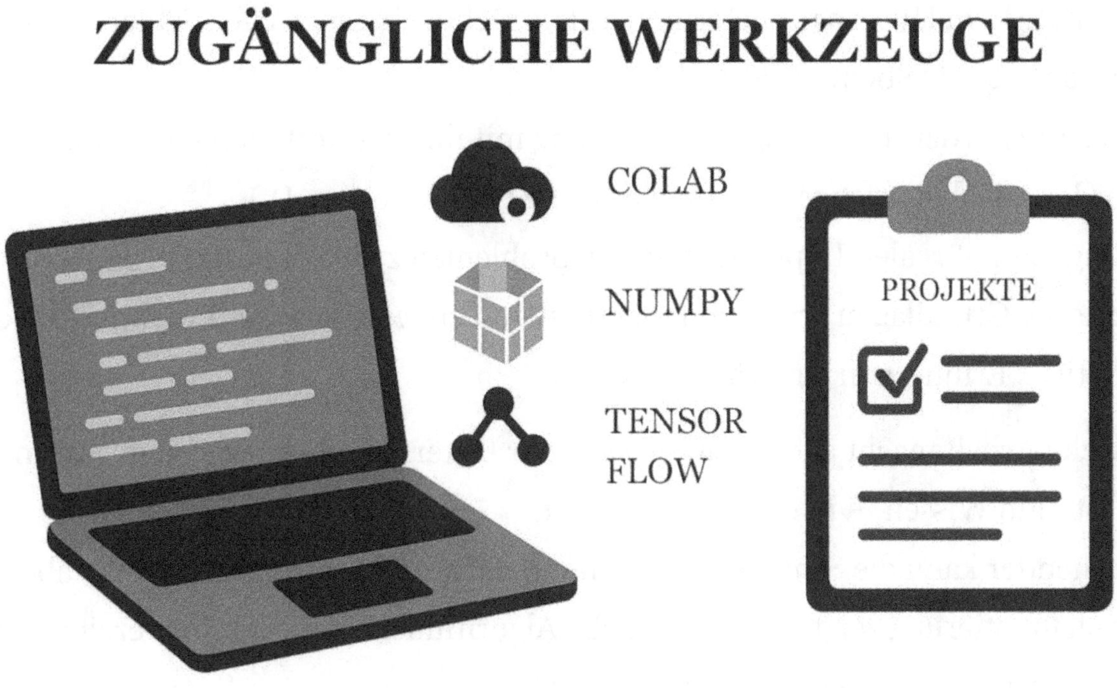

Zuerst das Projekt, dann die Theorie: Durch Tun zum Erfolg

Wissensverankerung durch Anwendung

Die direkte Arbeit an praktischen Projekten verankert Wissen auf eine Weise, wie es Vorlesungen und Theorie allein nicht können. Wenn Lernende etwas Greifbares erschaffen, wird jede Codezeile und jede Designentscheidung zu einem aktiven Gedächtnisanker.
Beispielsweise vermittelt der Bau eines KI-Modells zur Klassifikation handgeschriebener Ziffern mit einem neuronalen Netz deutlich mehr über Machine Learning, als nur darüber zu lesen.

Projektarbeit offenbart Feinheiten – etwa bei der Datenvorverarbeitung, der Abstimmung von Hyperparametern oder dem Debugging logischer Fehler –, die in der Theorie abstrakt bleiben.
Diese Herausforderungen – und der Umgang mit ihnen – vertiefen das Verständnis und fördern die langfristige Behaltensleistung (Northwest, o. D.).
Der Umgang mit realen Implementierungsproblemen zwingt Lernende dazu, theoretische Grundlagen erneut aufzugreifen und zu festigen – und verwandelt so kurzfristiges Erinnern in dauerhaftes Wissen.

Praktische Arbeit macht auch deutlich, was der Unterschied ist zwischen Wissen, **was** etwas ist, und Wissen, **wie** man es anwendet.
Ein Lernender kann die Schritte des Gradientenabstiegs auswendig kennen, aber erst die Implementierung zeigt, warum manche Algorithmen schneller konvergieren oder wie sich Lernraten auf die Ergebnisse auswirken.
Solche Erfahrungen decken Wissenslücken auf und stärken Sicherheit, Anpassungsfähigkeit und technische Belastbarkeit (Schools, 2025).

Abstrakte Konzepte werden zu Werkzeugen, die aktiv und mit Vertrauen eingesetzt werden können.

Wirkung von Portfolio-Arbeit

In KI- und Tech-Berufen interessieren sich Arbeitgeber weniger für Zeugnisse als für konkrete Nachweise.
Ein Portfolio abgeschlossener, relevanter Projekte zeigt Initiative, technisches Können und Problemlösungskompetenz.

Ein Bewerber für eine Data-Science-Stelle könnte beispielsweise eine Filmempfehlungs-Engine oder eine Visualisierung großflächiger gesellschaftlicher Trends einreichen.
Starke Portfolios enthalten kurze Beschreibungen des Problems, der eingesetzten Technologien, der Herausforderungen und der messbaren Ergebnisse – etwa Leistungsverbesserungen oder Nutzerfeedback.
Repositorien, Demovideos und interaktive Dashboards liefern konkreten Kompetenznachweis.

Portfolios überwiegen oft akademische Abschlüsse.
Zwischen zwei Bewerbern – einer mit Bestnoten in KI-Kursen und einer mit etwas niedrigerem Notendurchschnitt, aber mehreren öffentlich einsehbaren Projekten auf GitHub – wird meist der zweite bevorzugt.
Er oder sie hat angewandtes Wissen nachgewiesen (Schools, 2025).

Moderne Portfolios enthalten auch kommentierten Code, erklärende Blogartikel und Rückmeldungen von Nutzern – Elemente, die Personalverantwortlichen Einblicke in Kreativität, Kommunikationsfähigkeit und Entwicklungspotenzial geben – Eigenschaften, die Noten allein nicht erfassen (Northwest, o. D.).

Interview Performance

Praktische Erfahrung verwandelt Bewerbungsgespräche in Gelegenheiten zum Storytelling.
Bewerbende können auf konkrete Projekte verweisen und beschreiben, wie sie ein fehlerhaftes Modell debuggt, unter Zeitdruck ein neues Framework eingeführt oder einen Chatbot im Produktivbetrieb optimiert haben (Schools, 2025).

Dieser Ansatz demonstriert echtes Problemlösungsvermögen und strategisches Denken.
Interviewer schätzen Kandidaten, die Systemarchitekturen erläutern, Designkompromisse diskutieren und Entscheidungen zu Performance oder Sicherheit erklären können.

In Live-Coding-Abschnitten sorgt Erfahrung mit verschiedenen APIs oder Frameworks für Sicherheit.
Durch Bezug auf Portfolio-Projekte zeigen Bewerbende nicht nur ihre technische Bandbreite, sondern auch Soft Skills wie Teamarbeit und Eigeninitiative.
Geteilte Codebeispiele, Demos oder laufende Anwendungen machen Antworten einprägsamer und glaubwürdiger (Northwest, o. D.).

Integration technischer Kompetenzen

KI-Projekte erfordern interdisziplinäre Fähigkeiten – nicht nur das Schreiben von Modellen, sondern auch Datenmanagement, Interface-Design, Grundlagen der IT-Sicherheit und Umgang mit Nutzerfeedback.
Ein einziges Projekt kann Python-Skripting, SQL-Datenbanken, TensorFlow fürs Training und React für die Benutzeroberfläche umfassen.
Diese Fähigkeiten spiegeln reale Produktionsumgebungen wider.

Projekte vermitteln auch Versionskontrolle, Testing, Deployment und Monitoring – Kompetenzen, die im akademischen Kontext oft zu kurz kommen.
Lernende machen sich mit Tools wie Git, Docker und Cloud-Plattformen vertraut.
In Teamprojekten lernen sie zusätzlich Dokumentation, Aufgabenmanagement und Peer Reviews – Arbeitsweisen, die Arbeitgeber besonders schätzen (Schools, 2025).

Ein Projekt von der Idee bis zur Bereitstellung zu begleiten, bedeutet, mit realer Unschärfe und iterativen Prozessen umzugehen – Fähigkeiten, die in schnelllebigen Tech-Karrieren unverzichtbar sind (Northwest, o. D.).

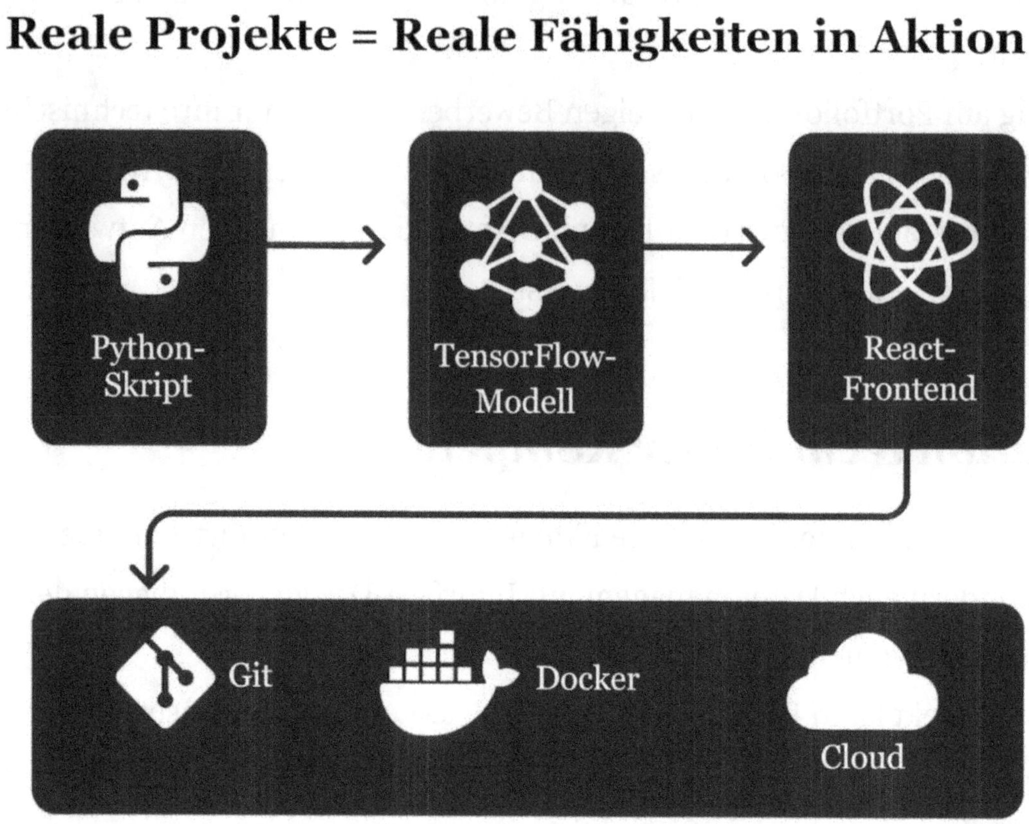

Bonusse, die wirklich etwas bringen: Werkzeuge für echten Erfolg

Im Zentrum jeder überzeugenden KI-Anwendung steht ein klares, professionell strukturiertes Portfolio.
Das **Portfolio Blueprint** hilft Ihnen, Ihre GitHub-Repositories zu organisieren: Code, Daten, Dokumentation und Ergebnisse kommen in klar benannte Ordner. Jedes Projekt enthält ein standardisiertes README mit Abschnitten wie *Übersicht*, *Installation*, *Verwendung*, *Highlights* und *Erkenntnisse*.

Diese Struktur ermöglicht es Recruitern, Ihre Arbeit schnell zu erfassen.
Ein gut dokumentiertes Machine-Learning-Projekt kann z. B. eine Leistungstabelle, Links zu Jupyter-Notebooks und stichpunktartige Ergebnisse enthalten – alles auf einen Blick sichtbar.

Saubere, konsistente Dokumentation lässt selbst ein einfaches Regressionsmodell karrieretauglich erscheinen (luminousmen, 2022).

Starke Kandidaten schreiben READMEs, die nicht nur erklären, **was** gebaut wurde, sondern auch **wie**, **warum** und **was** sie als Nächstes verbessern würden – das zeigt Denkweise und Entwicklungspotenzial.

Die **Resume Accelerators** liefern vorformulierte, ergebnisorientierte Stichpunkte speziell für KI- und Software-Positionen. Beispiel:

✓ „Inference-Geschwindigkeit des Modells um 30 % verbessert durch TensorRT-Optimierung“

✗ „Habe daran gearbeitet, Modelle schneller zu machen“

Gute Einträge enthalten Metriken oder Umfang:

✓ „Bereitstellung einer Chatbot-Lösung für 50.000 Nutzer über AWS Lambda“
Solche Formulierungen sind konkreter als vage Aussagen und bestehen den Filter von Bewerbermanagementsystemen (ATS) dank relevanter Schlüsselbegriffe (Job, 2025).

Checklisten mit starken vs. schwachen Stichpunkten erleichtern die Verbesserung:

✓ „Automatisierte Datenbereinigung mit pandas, Vorverarbeitungszeit um 90 % reduziert“

✗ „Mit Daten in Python gearbeitet“
Mit den *Accelerators* überarbeiten Sie Ihren Lebenslauf Punkt für Punkt – fundiert und überzeugend.

Die *Career Kit Checklists* strukturieren Ihre Jobsuche in wöchentliche Aufgaben:

– Portfolio-Inhalte aktualisieren
– Sich auf 5 passende Stellen bewerben
– An einer KI-Veranstaltung teilnehmen

– LinkedIn-Überschrift überarbeiten
– Blogbeitrag oder Projekt-Update veröffentlichen

Vor Vorstellungsgesprächen werden Sie angeleitet, STAR-Antworten zu üben und Erfolgsgeschichten vorzubereiten – sowohl technisch als auch zwischenmenschlich.
Zu den Networking-Zielen gehören das Knüpfen neuer Kontakte, Teilnahme an Open-Source-Events und das Teilen Ihrer Arbeit in Foren.
Diese Systeme fördern sichtbares, konsistentes Engagement (luminousmen, 2022).

Showcase Power *Tipps* helfen Ihnen, hervorzustechen:

– Beste GitHub-Repositories anpinnen
– Tags wie „NLP“ oder „FastAPI“ in Projektbeschreibungen verwenden
– README-Badges für Tests oder Build-Status einfügen
– Demovideos oder GIFs einbetten

Auf LinkedIn hebt Ihre Zusammenfassung Schlüsselkompetenzen und konkrete Ergebnisse hervor.
Ihre Aktivität zeigt Open-Source-Beiträge, Kommentare zu KI-Themen oder geteilte Lernfortschritte – all das verbessert Ihre Sichtbarkeit.
KI-Communities auf Slack, Discord und X bieten zusätzliche Reichweite und Lernchancen (Job, 2025).

Wie Sie dieses Buch nutzen, um Ihre Karriere zu transformieren

Berufstätige profitieren von schrittweisem Lernen. Komplexe Themen lassen sich besser in kurze, regelmäßige Einheiten aufteilen – 20 bis 30 Minuten pro Tag sind effektiver als lange Lerneinheiten am Wochenende (Jankowski, 2018).

Nutzen Sie digitale Kalender, um feste Lernzeiten zu blocken. Speichern Sie Materialien in der Cloud, um sie schnell während Pausen oder Pendelzeiten aufzurufen. Setzen Sie sich Mikrozielvorgaben: zwei Seiten lesen, ein Konzept wiederholen oder eine einfache Funktion schreiben. Teilen Sie komplexe Kapitel in 3–5 Tagesziele auf – zum Beispiel heute Convolution lernen, morgen Aktivierungsfunktionen.

Einzeln Lernende können folgende Methoden nutzen:
– Kleine Codebeispiele schreiben
– Karteikarten üben
– Konzepte frei sprechen oder skizzieren
– Apps mit Spaced Repetition verwenden

Diese Ansätze stärken das Gedächtnis und halten den Aufwand überschaubar (Stine-Morrow et al., 2014).

Gruppenlernen bietet Struktur und Feedback. Kleine Teams können sich wöchentlich zu Peer Reviews, Projekt-Updates oder Code-Walkthroughs treffen. Methoden wie Reihum-Erklären oder kollaboratives Programmieren halten die Sitzungen aktiv und produktiv.

Auch Hybridformen funktionieren gut: allein lernen, dann Fragen oder Erkenntnisse asynchron oder in kurzen Calls mit der Gruppe teilen.
Verfolgen Sie den Fortschritt mit einfachen Metriken:
– Abgeschlossene Kapitel
– Gestartete Projekte

– Gelöste Programmieraufgaben
Führen Sie wöchentliche Selbstreflexion durch: Was habe ich gelernt? Wo sind Lücken? Was steht als Nächstes an?

Feedback von Gleichgesinnten vertieft die Reflexion. Tauschen Sie Code oder Dokumentationen aus, verwenden Sie Bewertungskriterien, und wechseln Sie die Moderation der Sitzungen. Struktur schafft Verbindlichkeit und fördert kontinuierliches Lernen.

Setzen Sie KI schließlich im Arbeitsalltag ein. Automatisieren Sie Berichte, analysieren Sie interne Daten oder optimieren Sie kleine Abläufe. Dokumentieren Sie den Effekt – gesparte Zeit, weniger Fehler, bessere Ergebnisse.
Solche kleinen Erfolge belegen konkreten Nutzen und stärken Ihre Glaubwürdigkeit.

Verfolgen Sie geschäftsbezogene Metriken Ihrer Arbeit – z. B. Kosteneinsparungen, bessere Erkenntnisse oder höhere Effizienz – und holen Sie Feedback von Vorgesetzten ein.
Diese Erfolge können zu Beförderungen, mehr Sichtbarkeit im Portfolio und neuen Chancen führen (Stine-Morrow et al., 2014; Jankowski, 2018).

Abschließende Gedanken

Nachdem wir nun den transformativen Einfluss des KI-Engineerings betrachtet, gängige Missverständnisse ausgeräumt und den Wert praxisnahen Lernens mit geeigneten Werkzeugen hervorgehoben haben, sind Sie bereit, sich diesem dynamischen Feld mit Selbstvertrauen zu widmen.

Wenn Sie die in diesem Kapitel beschriebenen Strategien und Ressourcen anwenden, entwickeln Sie praxisrelevante Fähigkeiten, bauen ein überzeugendes Portfolio auf und steuern Ihre berufliche Laufbahn mit Klarheit und Zielorientierung.
Egal ob Sie ganz neu anfangen oder aus der Softwareentwicklung kommen – ein projektbasierter Ansatz wird Ihr Verständnis vertiefen und Sie für die wachsenden Anforderungen von KI-Rollen in verschiedensten Branchen rüsten.

Mit konsequenter Anstrengung und der richtigen Unterstützung sind Sie bestens vorbereitet für den nächsten Schritt – und können das volle Potenzial des KI-Engineerings für Ihre berufliche Entwicklung ausschöpfen.

Kapitel 2

KI-Engineering entschlüsselt: Grundlagen und Fallstricke

Die Nachfrage nach KI-Ingenieuren hat sich innerhalb weniger Jahre mehr als verdoppelt – allein in den Vereinigten Staaten waren 2023 über 180.000 Stellen ausgeschrieben. Doch trotz dieses explosionsartigen Wachstums merken viele Einsteiger schnell: Algorithmen und Theorie zu kennen reicht nicht aus.

Wahrer Erfolg im KI-Engineering entsteht durch die Beherrschung eines praktischen Handwerks – eines Handwerks, das abstrakte Modelle in robuste, skalierbare Systeme verwandelt, die von Millionen genutzt werden.
Dieses Kapitel stellt gängige Annahmen darüber in Frage, was es wirklich bedeutet, ein KI-Ingenieur zu sein, und zeigt, warum praktische Fähigkeiten, eine lösungsorientierte Denkweise und vollständige End-to-End-Verantwortung weitaus wichtiger sind als reines akademisches Wissen.

Diese Grundlagen zu verstehen ist nicht nur hilfreich – es ist unerlässlich, um in der heutigen, sich rasant entwickelnden KI-Landschaft eine Karriere mit echtem Praxisnutzen aufzubauen.

KI-Engineering als praxisorientierte Disziplin verstehen

KI-Engineering ist im Kern eine angewandte Ingenieursdisziplin – mit dem Ziel, funktionierende Systeme zu bauen, die sich zuverlässig in der realen Welt bewähren. Im Gegensatz zur reinen Forschung, die oft mit mathematischen Beweisen oder Simulationsergebnissen endet, verlangt KI-Engineering die Umsetzung theoretischer Lösungen in produktionsreife Software.
Ingenieure übersetzen Konzepte in robuste Modelle, APIs, Dashboards oder vollständige Anwendungen, die tatsächlich genutzt werden.

Ein Beispiel: Anstatt nur Natural Language Processing zu studieren, entwickelt ein KI-Ingenieur eine Sentiment-Analyse-API, die in die Kundenservice-Plattform eines Unternehmens integriert wird.
Diese „Builder-Mentalität“ zeigt sich in täglichen Praktiken wie kontinuierlicher Codebereitstellung, Versionskontrolle und gründlichen Code-Reviews – alles essenziell, um neue Funktionen unter realen Bedingungen stabil bereitzustellen.
In der Praxis kann es sinnvoller sein, eine funktionierende Empfehlungslösung

pünktlich auszurollen, statt endlos Hyperparameter zu optimieren – denn so profitieren Nutzer sofort von personalisierten Ergebnissen (Benigni, 2025).

Dieser praxisorientierte Ansatz ist untrennbar mit der Fähigkeit verbunden, funktionalen und wartbaren Code zu schreiben.
KI-Ingenieure erstellen, testen und verbessern fortlaufend Codebasen für spezifische Anwendungsfälle – sei es bei der Entwicklung neuronaler Dienste mit TensorFlow, der Integration von ML-Pipelines mit CI/CD-Tools oder dem automatisierten Retraining per Cloud-Funktionen.

Oft ist sauberer, zuverlässiger Code wertvoller als Wissen über modernste Algorithmen.
In der Praxis zählt ein Batch-Job mit 99,9 % Verfügbarkeit oder ein Chatbot, der Support-Tickets stabil verarbeitet, mehr als ein „State-of-the-Art"-Prototyp in einer Folienpräsentation.
Dieser Fokus auf funktionierende Lösungen bringt KI-Ingenieure dazu, reale Nutzerbedürfnisse zu adressieren, konkrete Geschäftsprobleme zu lösen und die Lücke zwischen Forschung und Anwendung zu schließen (Benigni, 2025).

Projekte im KI-Engineering decken den gesamten Lebenszyklus ab – von der Ideenfindung und Datenerhebung bis zum Monitoring und zur iterativen Weiterentwicklung.
Der Prozess beginnt mit Anforderungsanalyse und Problemdefinition, gefolgt von Architekturdesign, Datenaufbereitung und Modellentwicklung.
Anschließend werden Modelle getestet, mit Tools wie Docker paketiert, über Cloud-Dienste wie AWS oder GCP bereitgestellt und mit Monitoring für Performance, Drift und Zuverlässigkeit überwacht.

Oft übernimmt ein einzelner Ingenieur oder ein kleines Team die vollständige Umsetzung – vom Daten-Exploring in Python bis zur Bereitstellung auf Kubernetes – und sorgt so für nahtlose Integration aller Komponenten.
Die Verantwortung endet nicht mit dem Go-live: KI-Ingenieure betreuen das

Retraining, beheben Produktionsprobleme und skalieren die Systeme bei wachsender Nachfrage.
Ein Betrugserkennungsmodell für eine Bank zu entwickeln und bereitzustellen umfasst z. B. das Säubern von Transaktionsdaten, das Architekturdesign, das Erstellen von Feature Stores, die Integration in Transaktionssysteme und das Design von Dashboards für Analysten.
Diese Full-Stack-Verantwortung sorgt dafür, dass technische Umsetzung und Business-Ziele eng aufeinander abgestimmt sind (Masood, 2025).

Um in dieser Rolle erfolgreich zu sein, müssen KI-Ingenieure ein hybrides Kompetenzprofil beherrschen: Softwareentwicklung, Machine Learning, Cloud-Infrastruktur und domänenspezifisches Wissen.
Zentrale Sprachen wie Python, Java und Scala kombiniert mit tiefem Verständnis von ML-Bibliotheken wie PyTorch, TensorFlow und scikit-learn.
Infrastruktur-Tools wie Docker, Kubernetes und AWS SageMaker unterstützen effiziente Entwicklung und Bereitstellung.
Solide Datenbankkenntnisse (SQL, NoSQL) und Git für Versionsverwaltung sind unerlässlich.

Ingenieure bewegen sich über technische Grenzen hinweg – vom Extrahieren und Aufbereiten von Verkaufsdaten, über den Aufbau skalierbarer REST-APIs, bis zur Automatisierung von Pipelines mit Jenkins oder GitHub Actions.
Im Fintech-Bereich kombiniert ein Ingenieur etwa Deep Learning, Cloud-Sicherheit und Betrugserkennung, um ein System zur Echtzeitbewertung von Transaktionen zu entwickeln.
Diese Integration von Fähigkeiten macht aus isolierten Prototypen geschäftskritische Systeme (Masood, 2025).

Letztlich definieren konkrete Ergebnisse den Erfolg im KI-Engineering.
Was zählt, ist das, was in der Praxis funktioniert – nicht, was theoretisch elegant erscheint.

Arbeitgeber und Stakeholder achten auf greifbare Resultate: höhere Konversionsraten, geringere Abwanderung, weniger manuelle Prozesse, schnellere Antwortzeiten oder weniger Fehlalarme.

Kennzahlen wie Latenz (z. B. Millisekunden pro Vorhersage), Verfügbarkeit (z. B. 99,9 % Uptime), Genauigkeit (z. B. Precision, Recall, AUC) und geschäftsrelevante KPIs beeinflussen Einstellung, Beförderung und Finanzierung.
Wenn ein KI-Assistent die Kundenzufriedenheit steigert und Support-Anfragen senkt, zählt der Effekt – nicht die Komplexität der Implementierung.
Peer Reviews, Produkteinführungen und Evaluationen durch Stakeholder laufen auf eine zentrale Frage hinaus: Welchen konkreten Wert hat dieses System geliefert?

Diese ergebnisorientierte Kultur schafft einen Feedback-Zyklus, der KI-Ingenieure motiviert, sich auf messbare Verbesserungen zu konzentrieren – immer mit Bezug zu realen Nutzern, Produkten und Ergebnissen (Benigni, 2025; Masood, 2025).

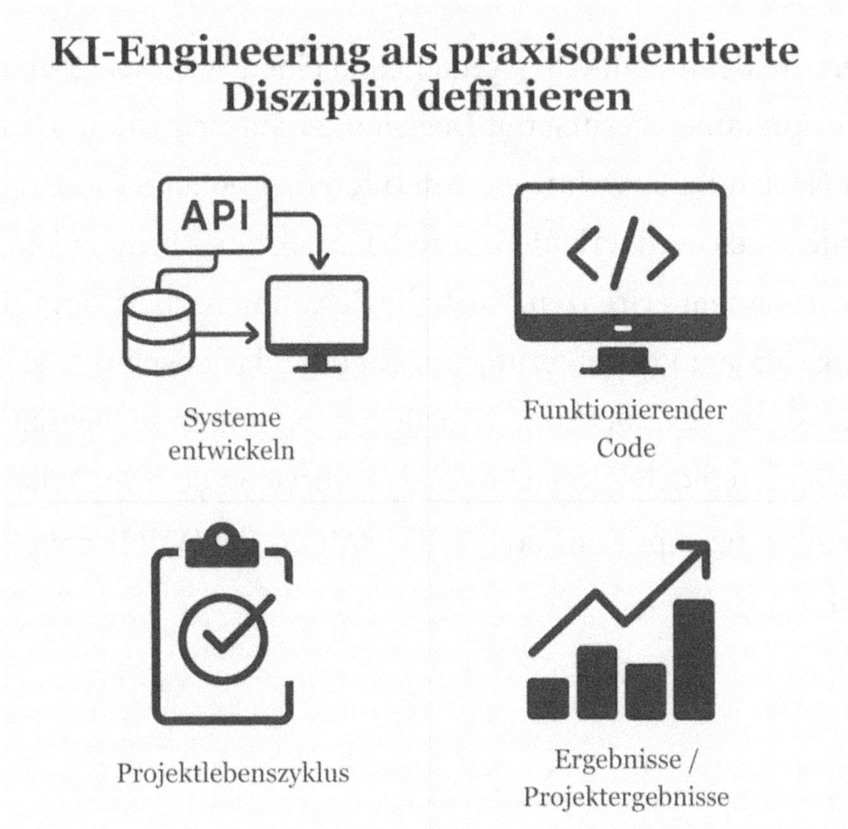

Durch die Kombination aus „Builder"-Mentalität, End-to-End-Verantwortung, interdisziplinärem Skillset und konsequenter Ergebnisorientierung stellt das KI-Engineering die Praxis über die Theorie – und liefert Lösungen, die weit über das Labor hinaus Wirkung zeigen.

Theorie versus Praxis im KI-Engineering: Ein entscheidender Unterschied

Viele, die ins KI-Feld einsteigen, verfügen über ein starkes theoretisches Fundament – und stehen dann an einem Scheideweg, wenn sich zeigt, dass Theorie allein keine echten Ergebnisse liefert. Nehmen wir zum Beispiel einen Bewerber mit einem PhD in Machine Learning, der problemlos Verlustfunktionen herleiten und Modellkomplexität analysieren kann. In einer Produktionsumgebung gerät dieselbe Person jedoch schnell ins Straucheln.

Wird sie gebeten, ein Sentiment-Analysemodell in einen Webdienst zu integrieren, sind Themen wie Containerisierung mit Docker oder automatisierte Bereitstellung über Cloud-Tools oft Neuland. Das Debuggen von Inferenzproblemen – etwa plötzliche Latenzspitzen oder Speicherüberläufe im großen Maßstab – bringt viele Theorie-orientierte Experten an ihre Grenzen. Auch die Zusammenarbeit kann zur Herausforderung werden: Versionierung mit Git oder das Lösen von Merge-Konflikten im Team sind häufig völlig unbekannt. Arbeitgeber erkennen solche Lücken schnell, insbesondere wenn Kandidaten in technischen Interviews oder im Arbeitsalltag konkrete Problemlösungen präsentieren sollen (Aijobs.net Will Become Foo🦍 – Visit Foorilla.com!, 2024).

Nur Theorie ≠ Angewandtes KI-Engineering

Ein solides theoretisches Fundament ist wertvoll – doch ohne ein Portfolio praxisnaher Projekte gehen Bewerber in einem wettbewerbsintensiven Umfeld oft unter. Arbeitgeber wollen Beweise dafür sehen, dass Kandidaten mit unklaren, unstrukturierten Problemen umgehen können – also genau mit den Herausforderungen, die in keinem Lehrbuch stehen. Portfolios mit funktionierenden Demos stechen hervor.

Betrachten Sie etwa eine Bewerberin, die eine vollständige Analyse-Pipeline für Kundenrezensionen entwickelt: Sie sammelt Daten über APIs, bereitet sie in Jupyter-Notebooks auf, trainiert Modelle in PyTorch und stellt ein Dashboard in Echtzeit über Flask und AWS Lambda bereit. Oder jemand, der einen Microservice zur Betrugserkennung mit der API von Stripe integriert, um Vorhersagen in Echtzeit zu liefern und Warnungen per Slack zu versenden. Solche Beispiele zeigen nicht nur technisches Können, sondern auch die Fähigkeit, zuverlässige, integrierte Systeme unter realen Bedingungen bereitzustellen. Praktisches Engineering dreht sich mindestens so sehr um *das, was funktioniert* wie um *das, was möglich ist* – und ein gutes Portfolio beweist genau das (Chiu et al., 2024).

Gerade beim Deployment stößt Theorie schnell an ihre Grenzen. Ein Modell, das in akademischen Benchmarks überzeugt, kann in der Produktion scheitern – etwa wegen abweichender Datenverteilungen, Hardwareeinschränkungen oder Nutzerlast.

Ein KI-Wissenschaftler kann lokal ein hochpräzises Empfehlungssystem bauen, das sich online jedoch als unbrauchbar erweist – zum Beispiel wegen zu langer Antwortzeiten. Cloud-basierte Bereitstellungen führen zu "Cold Start Latency", was Entwickler zwingt, das Initialisierungsverhalten von Modellen neu zu überdenken. Die Integration über APIs bringt weitere Komplexität: Modelle müssen mit anderen Microservices über REST oder Messaging-Systeme kommunizieren – inklusive Serialisierung, Fehlerbehandlung und Rate-Limits. Skalierung stellt eine zusätzliche Hürde dar: GPU-Sharing, Sharding über Rechenzentren hinweg, oder Updates über Blue-Green-Strategien müssen bewältigt werden.

Diese Herausforderungen betreffen reale Nutzer, Produkte und geschäftskritische Systeme. Arbeitgeber suchen daher gezielt nach Ingenieuren, die solche Probleme vorhersehen und lösen können (Aijobs.net Will Become Foo🦍 – Visit Foorilla.com!, 2024).

KI-Engineering geschieht zudem nie isoliert. Der Arbeitsalltag besteht aus enger Zusammenarbeit über Rollen und Abteilungen hinweg. Ingenieure müssen ihre technischen Entscheidungen in Code-Reviews erklären, Feedback zur Performance oder Sicherheit entgegennehmen und ihre Arbeit mit übergeordneten Teamzielen abstimmen.

Im Sprint Planning arbeiten KI-Ingenieure mit Data Scientists, Backend-Entwicklern, Designern und Produktmanagern zusammen. Ein Tag dreht sich vielleicht um die Koordination der GPU-Zugriffe für das Deep Learning-Training, der nächste um

CI/CD-Entscheidungen mit dem DevOps-Team. Geschäftliche Prioritäten ändern sich oft – was zu Richtungswechseln während des Sprints führt. Häufig hängt der eigene Fortschritt vom Abschluss eines anderen Teammitglieds ab. Kommunikation, Planung und Anpassungsfähigkeit sind daher entscheidend.

Wer es gewohnt ist, allein zu arbeiten, kann sich von diesen Realitäten schnell überfordert fühlen. Erfolg im KI-Engineering verlangt starke soziale Kompetenzen: Feedback geben und annehmen, Kollegen unterstützen, sich an Gruppendynamiken anpassen (Chiu et al., 2024).

Letztlich sind greifbare, praxisnahe Fähigkeiten der Schlüssel zu Produktwirkung, wenn es darauf ankommt. Ein rein theoretisch geschulter Kandidat kann im Ernstfall blockieren – etwa wenn sein Code 2 % Ausfallzeit in einem Live-Tradingsystem verursacht. Ein praxisorientierter Ingenieur weiß hingegen, wie man das Problem eingrenzt, sicher zurückrollt und den Betrieb schnell wiederherstellt.

Genau deshalb achten Arbeitgeber auf Deployment-Erfahrung, Teamzuverlässigkeit und ein starkes Projektportfolio. Diese Eigenschaften bringen KI von der Forschung in die Anwendung – und machen sie nutzbar, skalierbar und wirkungsvoll (Aijobs.net Will Become Foo🦍 – Visit Foorilla.com!, 2024; Chiu et al., 2024).

Die Dringlichkeit und das Potenzial des KI-Engineerings heute

Wachstum der Stellenangebote und Marktdynamik im Bereich KI-Engineering

Rollen im KI-Engineering verzeichnen einen explosionsartigen Nachfrageanstieg in allen wichtigen Branchen. Im Jahr 2023 wurden allein in den Vereinigten Staaten über 180.000 Stellenanzeigen mit Anforderungen an Machine-Learning-Kenntnisse veröffentlicht – fast doppelt so viele wie noch drei Jahre zuvor. Technologiestandorte wie San Francisco, New York und London verzeichnen zehntausende offene Stellen mit Fokus auf Data Science, KI-Forschung und Modellbereitstellung. Besonders führend sind der Gesundheits- und Finanzsektor, wo nahezu jede fünfte neue Stelle Kompetenzen in der KI-Entwicklung erfordert. Auch Länder, die stark in Energiewende und Klimaanalytik investieren, melden einen deutlichen Anstieg bei der Nachfrage nach KI-Ingenieuren – insbesondere nach Fachkräften, die prädiktive Modelle entwickeln, Lieferketten optimieren oder grüne Technologien betreiben können (OECD, 2025).

Weltweit beschleunigt sich die Einführung von KI branchenübergreifend. In der Fertigung gaben 42 % der befragten Unternehmen an, bis 2023 mindestens ein KI-Projekt in Produktion zu haben – ein Anstieg gegenüber nur 28 % im Jahr 2021. Einzelhandel, Logistik und Landwirtschaft holen schnell auf, indem sie KI einsetzen, um Prozesse zu automatisieren, die Nachfrage vorherzusagen und Produkte zu personalisieren.

Diese Entwicklungen sind unübersehbar: Die Landschaft verändert sich rasant und die wachsende Zahl an Stellenangeboten zeigt eine klare Chance auf. Für Fachkräfte mit praktischen Fähigkeiten im KI-Engineering ist es ein Anbietermarkt (Sharps, 2024; OECD, 2025).

Wachstum von KI-Jobs nach Land und Sektor

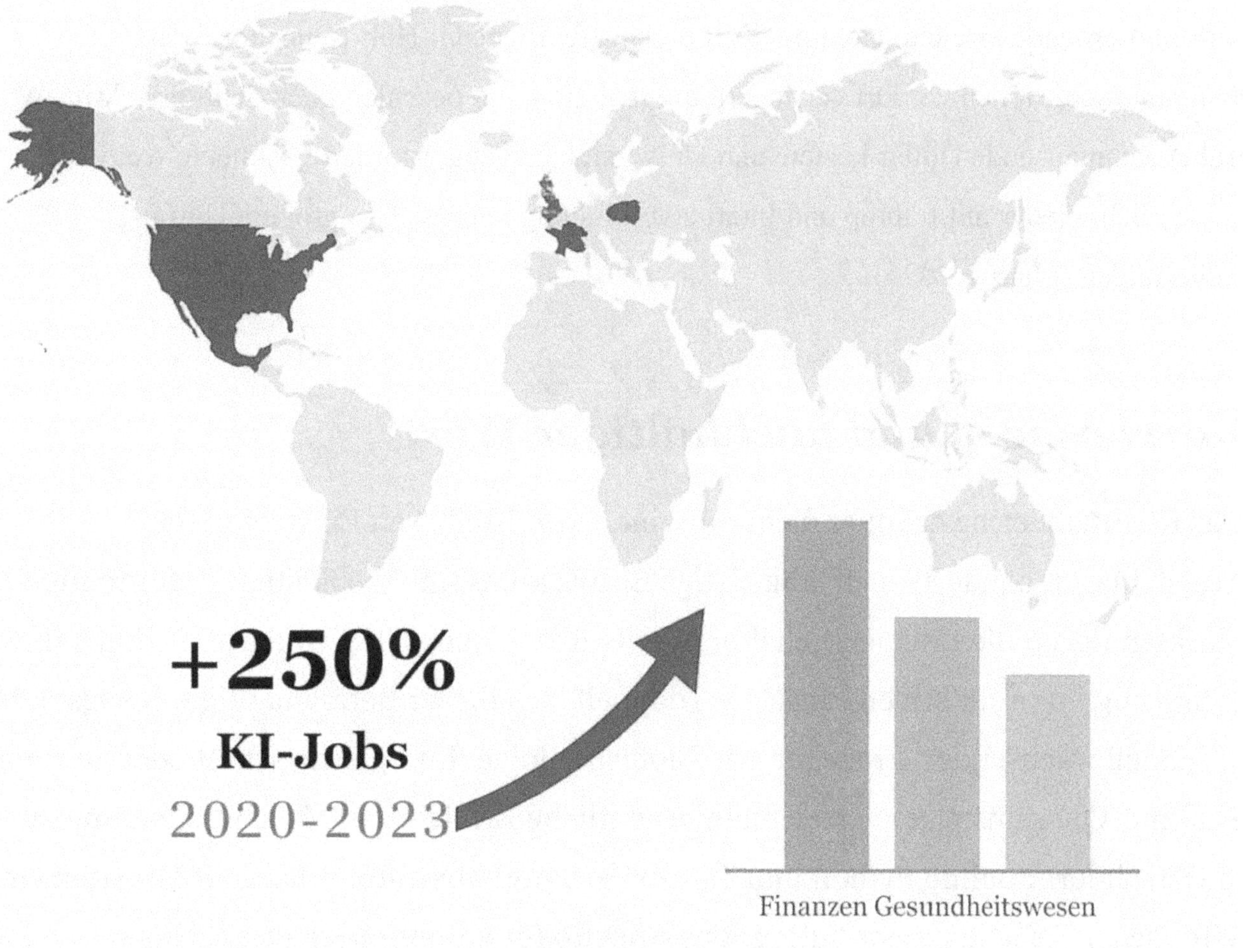

Zugängliche Tools und Plattformen

Die Einstiegshürden für das KI-Engineering sind dank Open-Source-Tools und erschwinglicher Cloud-Dienste drastisch gesunken. Frameworks wie TensorFlow und PyTorch sind völlig kostenlos und verfügen über umfangreiche Online-Dokumentation. Mit Tools wie Jupyter Notebooks und Google Colab können Nutzer Machine-Learning-Modelle entwickeln und ausführen – ganz ohne teure Hardware. Selbst große Cloud-Anbieter wie AWS und Microsoft Azure bieten inzwischen Freikontingente für Studierende und neue Entwickler an.

Auch die Lernressourcen haben sich rasant weiterentwickelt. MOOCs wie Coursera, edX und Udacity bieten vollständige Spezialisierungen im Bereich KI-Engineering an. Googles kostenloser „Machine Learning Crash Course" hat beispielsweise bereits über eine halbe Million Lernende erreicht. Community-Foren, öffentliche GitHub-Repositories und Programmiergruppen vor Ort verringern die Isolation und beschleunigen den Fortschritt. Was früher Zehntausende Dollar kostete und Universitätszugang erforderte, ist heute weltweit zugänglich – jeder mit Laptop und Internetverbindung kann sich in großem Umfang weiterbilden (Sharps, 2024).

Karriereweg und nachhaltiger Wert

Das KI-Engineering eröffnet nicht nur einen unmittelbaren Einstieg in den Arbeitsmarkt, sondern auch langfristige Entwicklungsmöglichkeiten. In führenden Märkten liegen die Einstiegsgehälter bereits über 110.000 US-Dollar. Mit fünf Jahren Erfahrung im produktiven Einsatz verdoppelt sich dieser Betrag häufig – insbesondere in schnell wachsenden Branchen wie Biotechnologie, Energiewirtschaft oder autonome Systeme. Quereinsteiger verzeichnen beachtliche Erfolge: Ein Maschinenbauingenieur in Detroit lernt online Python und TensorFlow und übernimmt nach 18 Monaten eine leitende KI-Rolle in einem Automotive-Startup für autonomes Fahren. Eine Betriebsanalystin in Singapur studiert acht Monate lang NLP und erhält eine Remote-Stelle als KI-Beraterin – mit verdreifachtem Einkommen und internationaler Reichweite.

Auch erfahrene Fachkräfte nutzen KI, um ihre Karriere neu auszurichten oder zu beschleunigen. Viele Softwareentwickler in der Frühphase berichten, dass sie durch den Erwerb von KI-Zertifizierungen innerhalb von zwei Jahren in leitende Positionen oder Architektenrollen aufsteigen konnten, in denen sie technische Entscheidungen treffen und Teams führen. Diese Kompetenzen schaffen zudem berufliche Resilienz: Statt durch Automatisierung ersetzt zu werden, sind KI-Ingenieure diejenigen, die die Systeme zur Automatisierung selbst entwickeln und verbessern (Sharps, 2024).

Die Kosten des Abwartens: Fallbeispiele aus der Industrie

Das Hinauszögern der Entwicklung von KI-Kompetenzen birgt reale Risiken. Einige der drastischsten Beispiele stammen von etablierten Unternehmen: Zahlreiche stationäre Einzelhändler verloren Marktanteile an Wettbewerber, die frühzeitig auf KI-gestützte Logistik, Preisgestaltung und Kundenanalysen setzten. Frühzeitige Vorreiter in der Logistik – wie UPS – nutzten prädiktive Routenplanung und Echtzeit-Diagnosen für Motoren lange vor anderen, wodurch sie Kosten sparten und ihre Zuverlässigkeit steigerten. Diejenigen, die zu lange warteten, sahen sich hingegen mit sinkenden Margen, Entlassungen oder gar Insolvenzen konfrontiert.

Auch auf individueller Ebene hat sich das Bild gewandelt: Viele Fachkräfte erlebten, dass sich ihre Rollen grundlegend veränderten oder ganz wegfielen. Wer bereits ein Jahr früher mit dem Erwerb von KI-Kenntnissen begann, konnte nicht nur seine Position halten, sondern häufig sogar in höherwertige Funktionen aufsteigen. Kolleginnen und Kollegen, die zögerten, gerieten hingegen ins Hintertreffen. Der KI-Wandel steht nicht bevor – er ist bereits Realität. Aktuelle Adoptionstrends deuten darauf hin, dass in den kommenden drei bis fünf Jahren mindestens die Hälfte aller Geschäftsprozesse in irgendeiner Form KI-basiert ablaufen wird (OECD, 2025).

Erste Schritte: Konkrete Maßnahmen

Angehende KI-Ingenieure können mit klaren, erprobten Schritten loslegen. Wählen Sie einen Lernpfad über Coursera, Udemy oder DataCamp, der zu Ihren Zielen passt. Nehmen Sie sich 6 bis 12 Monate Zeit, um zentrale Tools wie Python, scikit-learn und TensorFlow zu beherrschen – und wenden Sie dieses Wissen in echten Projekten an, z. B. durch Klassifikatoren, Empfehlungssysteme oder Computer-Vision-Anwendungen. Veröffentlichen Sie alles auf GitHub.

Beteiligen Sie sich an Open-Source-Communities, um Feedback zu erhalten und Kontakte zu potenziellen Arbeitgebern zu knüpfen. Verfolgen Sie Ihre Fortschritte, indem Sie Ihre Fähigkeiten regelmäßig mit den Anforderungen in Stellenanzeigen Ihrer Zielbranche abgleichen und Ihren Lernplan entsprechend anpassen.

Wer jetzt aktiv wird, schafft die Grundlage für exponentielle Chancen. Während Unternehmen und ganze Branchen sich tiefgreifend durch KI verändern, steigt die

Nachfrage nach praxisorientierten, einsatzbereiten Ingenieuren kontinuierlich an (OECD, 2025; Sharps, 2024).

Weitverbreitete Missverständnisse: Was KI-Engineering *nicht* ist

Ein häufiges Missverständnis über das KI-Engineering ist die Annahme, dass es sich vor allem um einfache Datenverarbeitung handelt – etwa das Bereinigen von Tabellen oder das Erstellen einfacher Diagramme. In Wahrheit geht das KI-Engineering weit über routinemäßige Analysen hinaus. Während jeder Daten in Excel filtern kann, entwerfen KI-Ingenieure Systeme, die Rohdaten automatisch verarbeiten, daraus lernen und sich daran anpassen.

Ein Beispiel: Anstatt einmalige Analysen durchzuführen, konzipieren KI-Ingenieure vollständige Machine-Learning-Pipelines, die Daten aus mehreren Quellen aufnehmen, bereinigen und transformieren, Modelle trainieren, deren Leistung validieren und bei neuen Daten automatisch ein Re-Training auslösen. Das Ergebnis ist kein statisches Dashboard, sondern ein dynamisches, adaptives System, das kritische Aufgaben wie Betrugserkennung oder personalisierte Empfehlungen unterstützt.

Wer oberflächliche Datentätigkeiten mit diesem tiefergehenden Engineering verwechselt, läuft Gefahr, in Rollen zu verharren, die bald von genau den Systemen automatisiert werden, die echte KI-Ingenieure entwickeln (Artificial Intelligence vs. Machine Learning | CMU, o. D.).

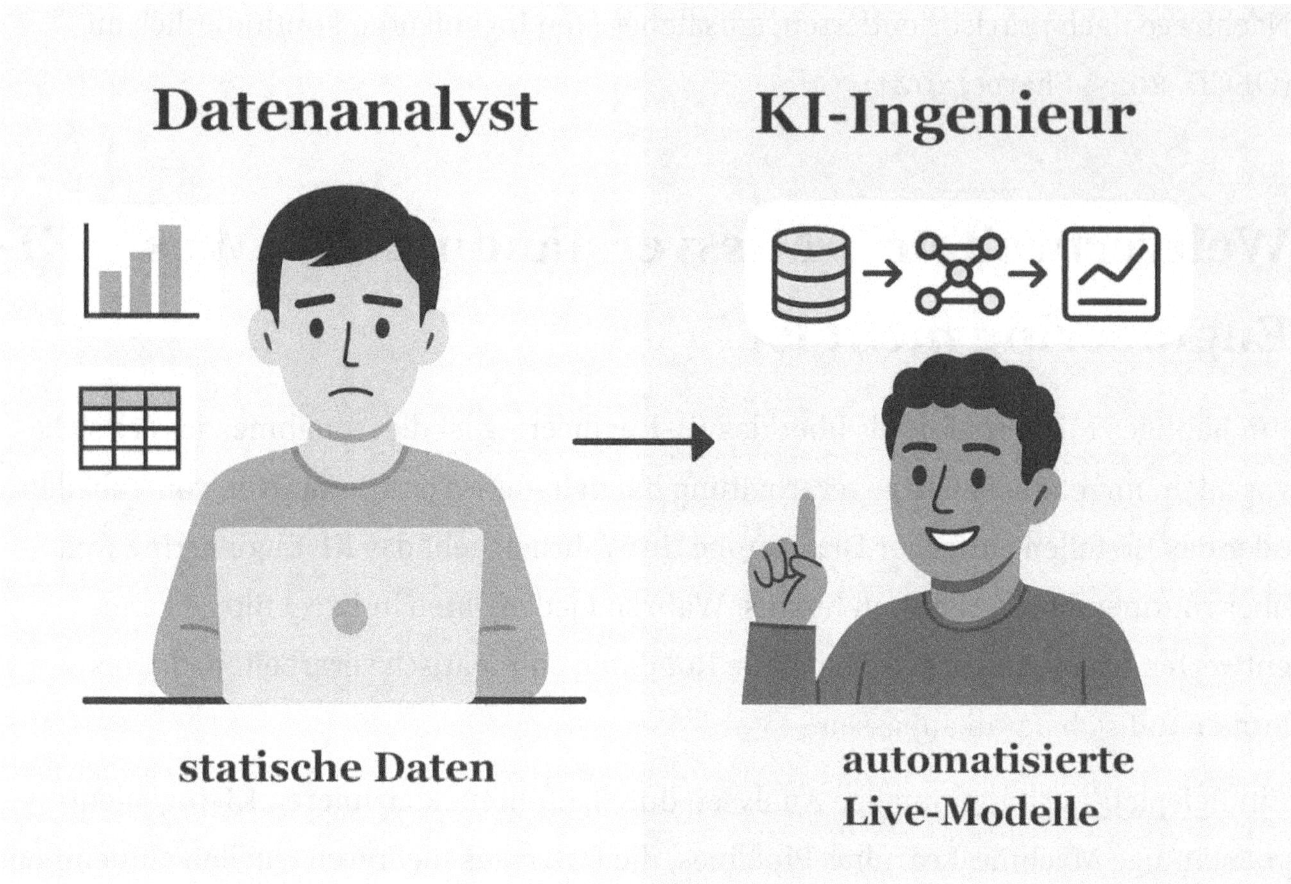

Ein weiteres häufiges Missverständnis ist die Gleichsetzung von Hobby-Experimenten mit echtem Engineering. Ein paar ML-Skripte auf Beispieldaten auszuführen ist nicht dasselbe wie der Aufbau robuster, skalierbarer Systeme. Es ist einfach, eine neue neuronale Netzwerkarchitektur auf dem Laptop zu testen – aber professionelle Systeme müssen Datenwachstum bewältigen, von Tausenden bis hin zu Milliarden von Einträgen, und auch unter hoher Last zuverlässig funktionieren. Ingenieure müssen Infrastrukturen entwerfen, die Failover, Autoskalierung und Echtzeitüberwachung unterstützen. Stellen Sie sich vor, Sie entwickeln einen cloudbasierten Bilderkennungsdienst für den Einzelhandel: Er muss 99,99 % Verfügbarkeit garantieren, unter einer Sekunde Reaktionszeit bleiben und auch während Verkaufs-Hochphasen reibungslos laufen. Wer diese Anforderungen übersieht, riskiert instabile

Systeme, gescheiterte Releases und den Verlust von Nutzervertrauen (de Saint Laurent, 2018).

Viele Einsteiger bleiben in ihrer theoretischen Komfortzone und entwickeln Prototypen, die nie das Labor verlassen. Doch echtes KI-Engineering bedeutet *Deployment*. Es reicht nicht, eine Empfehlungs-Engine zu bauen – man muss sie mit Live-Bestandssystemen integrieren, in Echtzeit aktualisieren und ihre Auswirkungen auf das Kundenverhalten überwachen. Professionelle Deployments erfordern Versionskontrolle, Rollback-Strategien, Feedback-Schleifen und Erfolgskennzahlen wie steigende Konversionsraten oder sinkende Abwanderung. Was nicht produktiv gesetzt wird, bleibt „Shelfware" – ungenutzter Code ohne Mehrwert, der die berufliche Entwicklung ausbremst. Teams, die liefern und produktive Systeme dauerhaft betreiben, sind diejenigen, die sichtbare Geschäftsergebnisse erzielen (Artificial Intelligence vs. Machine Learning | CMU, o. D.).

Und schließlich ist es ein Mythos, dass sich KI-Ingenieure auf ein einziges Tool oder eine Plattform festlegen müssen. Im Gegenteil – *Tool-Agnostik* ist ein Zeichen technischer Reife. Die Wahl des richtigen Frameworks – ob PyTorch für schnelles Prototyping, TensorFlow für produktive Umgebungen oder scikit-learn für klassische Modelle – hängt vom jeweiligen Problem und Kontext ab. Manche Lösungen kombinieren sogar mehrere Tools, etwa durch ONNX für plattformübergreifende Portabilität. Wer Tools nicht vergleichen oder flexibel wechseln kann, gerät in diesem schnelllebigen Feld schnell ins Hintertreffen – mit der Folge: Verzögerungen, Ineffizienzen und stagnierende Projekte (de Saint Laurent, 2018).

Diese Missverständnisse können Karrieren blockieren und sinnvolle Beiträge verhindern. Wer bei einfacher Analyse verharrt, experimentelle Spielereien überbewertet oder sich vor Deployment und Toolwechseln scheut, signalisiert unzureichende Qualifikation. Ingenieure hingegen, die reale, anpassungsfähige KI-Systeme liefern – belegt durch Kennzahlen und Nutzerwirkung – zeigen die Art von Impact, die Arbeitgeber erkennen und belohnen.

Developing the Essential Problem-Solving Mindset for AI Engineering

Systems Thinking in AI Engineering

KI-Engineering erfordert eine systemorientierte Denkweise. Erfolgreiche Ingenieure betrachten ihre Arbeit nicht als isolierte Modelle oder Werkzeuge, sondern als Bestandteile eines lebendigen, miteinander vernetzten Ökosystems aus Komponenten, Prozessen und Menschen. Jedes Element – Algorithmen, Datenquellen, Serverinfrastruktur, Benutzeroberflächen – beeinflusst die anderen und wird zugleich von ihnen beeinflusst. Eine kleine Verbesserung der Datenqualität kann sich beispielsweise durch die gesamte Pipeline ziehen und die Vorhersagegenauigkeit

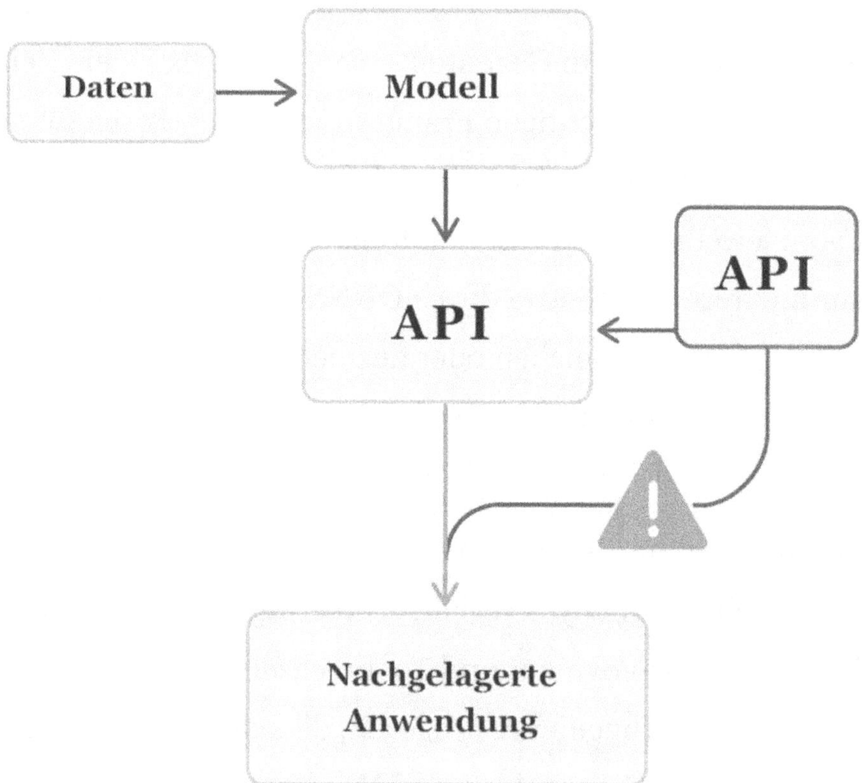

erheblich steigern. Umgekehrt kann eine geringe Abweichung im Ausgabeformat eines Modells in einem nachgelagerten System eine ansonsten stabile Lösung zum Scheitern bringen.

Im Gesundheitswesen wandte die Cleveland Clinic systemisches Denken an, um Patientenflüsse zu analysieren und verborgene Ineffizienzen aufzudecken, die durch Behandlungsprotokolle und Personalplanung verursacht wurden (Kalayjian, 2024). Lokale Maßnahmen – etwa zusätzliche Pflegekräfte oder geänderte Terminpläne – reduzierten die Verzögerungen nicht. Erst durch die vollständige Abbildung der Patientenerfahrung konnten Ingenieure gezielte Interventionen entwickeln, die die Ergebnisse durchgängig verbesserten. KI-Projekte folgen ähnlichen Mustern: Ein Empfehlungssystem mag unterdurchschnittlich erscheinen, obwohl die Ursache eigentlich in inkonsistentem Logging oder nicht synchronisierten Aktualisierungsintervallen liegt. Ingenieure mit systemischem Verständnis vermeiden Einzellösungen und entwickeln stattdessen robuste Systeme, die auch unter veränderten Bedingungen zuverlässig funktionieren (Kalayjian, 2024).

Diese Denkweise ist auch bei großskaligen Anwendungen entscheidend. Bei Amazon sammeln Ingenieure kontinuierlich Rückmeldungen von Nutzern, Geräten und internen Teams und speisen diese in einen dynamischen, systemweiten Wissenskreislauf ein (Kalayjian, 2024). Statt nur nach Bugs zu suchen, überwachen sie unerwartete Wechselwirkungen zwischen Services. Dieses umfassendere Bewusstsein verhindert kurzfristige Optimierungen, die langfristige Probleme verursachen könnten, und ermöglicht es, systemweite Ausfälle frühzeitig zu erkennen und zu verhindern.

Berufliche Resilienz und Fehlersuchmethoden

Das KI-Engineering ist von Natur aus mit Herausforderungen verbunden. Dateninkonsistenzen, instabile Modelle und Umgebungsdrift äußern sich häufig in unerwarteten Fehlern oder unvorhersehbaren Leistungsschwankungen. Effektive

Ingenieure betrachten diese Rückschläge nicht als Hindernisse, sondern als wertvolle Signale – und als Chancen, um zu lernen und sich zu verbessern.

Das Debugging komplexer Systeme beginnt mit der Zerlegung des Problems. Wenn ein Modell unterdurchschnittlich performt, formulieren resiliente Ingenieure präzise Hypothesen: Liegt das Problem an verzerrten Daten, schlecht abgestimmten Features oder an Fehlern in der Bereitstellung? Sie testen jede Möglichkeit methodisch, reproduzieren Fehler unter kontrollierten Bedingungen und iterieren auf Basis der Ergebnisse. Unterstützt wird dieser Prozess durch bewährte Praktiken – etwa durch Versionierung von Code und Datensätzen – um Änderungen nachvollziehen und die Ursachen identifizieren zu können (What Is the AI Development Lifecycle?, 2015).

Als Unilever versuchte, seinen ökologischen Fußabdruck mithilfe KI-gestützter Optimierung der Lieferkette zu reduzieren, scheiterten die ersten Systemversionen an fehlerhaften Lebenszyklusdaten (Kalayjian, 2024). Anstatt das Projekt aufzugeben, führten die Ingenieure eine gründliche Ursachenanalyse durch, entdeckten Inkonsistenzen in den Lieferantendaten und etablierten eine engere Feedbackschleife. Ihre Hartnäckigkeit zahlte sich aus – das Ergebnis war ein präziseres Modell, verbesserte operative Stabilität und spürbare Kosteneinsparungen.

Starke Ingenieure werden immer besser, indem sie eine Kultur fördern, in der Scheitern offen besprochen und als Erkenntnisquelle genutzt wird. Ein Modellabsturz in der Produktion ist kein Rückschlag – sondern ein Signal. Er zeigt auf, wo Systeme robuster gemacht werden müssen und wo klügeres Design zukünftige Ausfälle verhindern kann. Auf diese Weise wird jeder Fehler Teil eines kontinuierlichen Lernzyklus – und treibt stabilere Systeme, bessere Zusammenarbeit und langfristige Resilienz voran.

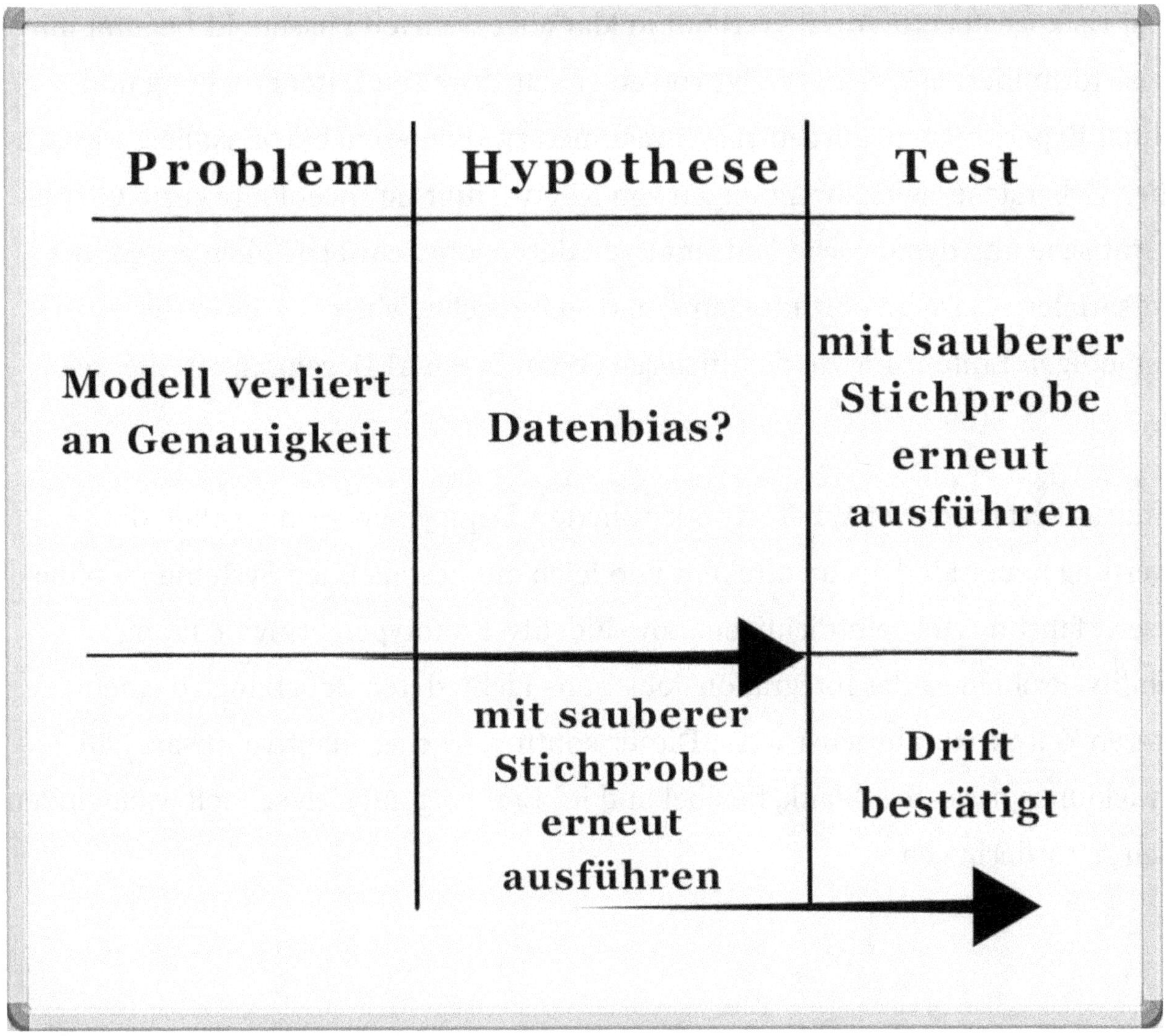

Iterative Entwicklung und Prototyping-Techniken

Erfolgreiches KI-Engineering basiert auf schrittweiser, iterativer Entwicklung – nicht auf einem „Big Bang“-Ansatz. Anstatt große, ungetestete Modelle auf einmal bereitzustellen, folgen Ingenieure einem strukturierten Zyklus: ein klar definiertes Problem formulieren, einen minimal funktionsfähigen Prototyp erstellen, diesen in einer kontrollierten Umgebung evaluieren, Ergebnisse analysieren und anschließend verbessern. Jede Schleife erweitert Funktionen oder steigert die Leistung nur dann, wenn es dafür messbare Nachweise gibt.

Dieser risikogesteuerte Ansatz verläuft in klar abgegrenzten Phasen. Er beginnt mit präzise formulierten Zielen, gefolgt von einer schrittweisen Datenerhebung und leichten Experimenten, um zentrale Annahmen zu validieren, bevor skaliert wird. In frühen Cybersicherheitsanwendungen von KI etwa führten Ingenieure gezielte Tests wie statische und dynamische Codeanalysen durch, um Schwachstellen gegenüber adversarialen Angriffen aufzudecken – und so kritische Fehler lange vor der vollständigen Einführung zu identifizieren (What Is the AI Development Lifecycle?, 2015).

Bewährte Verfahren wie A/B-Tests oder Shadow Deployment ermöglichen die Bewertung neuer Modelle im direkten Vergleich mit bestehenden Systemen – ohne die Nutzererfahrung zu beeinträchtigen. Low-Fidelity-Prototypen bringen häufig Usability-Probleme oder Integrationsfehler ans Licht, deren Behebung zu einem späteren Zeitpunkt sehr teuer wäre. Dieser kontinuierliche, adaptive Ansatz hält Entwicklungsprozesse schlank, flexibel und im Einklang mit sich schnell wandelnden realen Anforderungen.

Ein ergebnisorientierter Engineering-Ansatz

Die effektivsten KI-Ingenieure richten ihre Arbeit konsequent an messbaren Ergebnissen aus – nicht am Aufwand. Erfolgskennzahlen werden von Anfang an definiert und orientieren sich in der Regel an unternehmensrelevanten Key Performance Indicators (KPIs) wie Modellgenauigkeit, Latenz, Nutzerzufriedenheit oder Kosteneffizienz (What Is the AI Development Lifecycle?, 2015). Anstatt Stunden oder entwickelte Modelle zu zählen, messen sie den Fortschritt anhand klarer, ergebnisbasierter Zielvorgaben.

Um sicherzustellen, dass alle Beteiligten am selben Strang ziehen, binden Ingenieure Stakeholder aktiv in die Definition von Erfolgskriterien ein und entwickeln dann Systeme, die diesen Anforderungen gerecht werden. In Finnlands Bildungssystem etwa wurden KI-gestützte Curriculumanpassungen nicht nur nach der Geschwindigkeit der Einführung bewertet, sondern an Verbesserungen bei Lernergebnissen, Wohlbefinden und Bindung der Schüler gemessen – und belegten so ihren praktischen Nutzen über die technische Ebene hinaus (Kalayjian, 2024).

Bleibt die Leistung hinter den Erwartungen zurück, reagieren Teams mit datenbasierten Anpassungen. Ingenieure prüfen regelmäßig, ob ihre Arbeit tatsächlich spürbare Fortschritte bringt oder nur kosmetische Veränderungen bewirkt. Im geschäftlichen Kontext konzentrieren sie sich auf Features, die direkt zur Kundenzufriedenheit beitragen oder strategische KPIs erfüllen – und sorgen so dafür, dass jeder Sprint einen konkreten Mehrwert liefert (What Is the AI Development Lifecycle?, 2015).

Ingenieure, die systemisches Denken, professionelle Resilienz, iterative Entwicklung und einen kompromisslosen Fokus auf Ergebnisse vereinen, sind diejenigen, die dauerhaft funktionierende – und anpassungsfähige – Lösungen für die reale Welt schaffen.

Alles zusammenführen

Nachdem KI-Engineering nun als praxisorientierte Disziplin verstanden wurde – mit dem Fokus auf dem Aufbau und der Implementierung einsatzbereiter Systeme –, sind Sie bereit, mit Klarheit und Zielstrebigkeit voranzugehen. Die Beherrschung der Schnittstelle zwischen Programmierung, Cloud-Technologien und systemischem Denken befähigt Sie dazu, komplexe Herausforderungen zu meistern und Ergebnisse zu liefern, die zählen.

Indem Sie mit verbreiteten Fehlannahmen aufräumen und eine Haltung kontinuierlichen Lernens, Zusammenarbeit und Resilienz einnehmen, positionieren Sie sich im Einklang mit den sich wandelnden Anforderungen der Branche. Wenn Sie sich auf funktionale, skalierbare Lösungen konzentrieren und Verantwortung vom Konzept bis zur Implementierung übernehmen, schaffen Sie ein Portfolio, das Ihre Fähigkeit unter Beweis stellt, Theorie in greifbaren Nutzen zu verwandeln.

Dieser Ansatz bildet die Grundlage für eine zukunftsfähige Karriere im KI-Engineering – fundiert auf echten Kompetenzen, echtem Mehrwert und konkreten Ergebnissen in der realen Welt.

Kapitel 3
Die Werkzeuge eines KI-Ingenieurs: Ihr moderner Stack

Bis 2025 hatte sich das KI-Engineering zu einem vielfältigen und zugleich zugänglichen Ökosystem aus Tools und Plattformen entwickelt, das die Entwicklung intelligenter Anwendungen erheblich vereinfacht. Stellen Sie sich ein KI-Projekt vor, bei dem jeder Schritt – von der Datenvorverarbeitung über das Modelltraining bis hin zur Bereitstellung und Überwachung – in einem nahtlosen, gut integrierten Stack abläuft. Hinter jeder erfolgreichen Lösung steht ein Werkzeugkasten: APIs, die Aufgaben wie Natural Language Processing vereinfachen, Repositorien mit anpassbaren vortrainierten Modellen, Hochleistungs-Frameworks für asynchrone APIs, Containertechnologien für konsistente Laufzeitumgebungen sowie Systeme zur Nachverfolgung von Experimenten, die Struktur in schnelle Iterationen bringen.

Dieses Kapitel beleuchtet den Wendepunkt, an dem all diese Technologien zu einheitlichen Workflows zusammenwuchsen – zugänglich für jeden, der mit Python umgehen kann. Die eigentliche Herausforderung verlagerte sich: weg von der Entwicklung neuer Algorithmen, hin zur souveränen Nutzung der Werkzeuge, mit denen sich rohe Ideen in zuverlässige, skalierbare KI-Dienste verwandeln lassen. Ob beim Zugriff auf leistungsstarke Sprachmodelle über einfache APIs, beim Feintuning gemeinschaftlich genutzter Modelle in kollaborativen Hubs oder beim Einsatz von Microservices in containerisierten Umgebungen – Ingenieure erkannten, dass das Verständnis der Tool-Integration genauso wichtig ist wie der Code selbst.

Für angehende KI-Ingenieure, Softwareentwickler, die in den KI-Bereich einsteigen, oder Technikinteressierte, die verstehen möchten, wie reale intelligente Systeme funktionieren, eröffnet das Erlernen dieses modernen Stacks neue praxisnahe Wachstumschancen. Denn wahre Innovation zeigt sich nicht nur im Modellentwurf, sondern im Aufbau robuster Infrastrukturen und Workflows, die nachhaltige KI-Produkte ermöglichen. Dieses Kapitel bildet den Auftakt zur Erkundung jener essenziellen Komponenten, die den heutigen Werkzeugkasten im KI-Engineering prägen.

OpenAI API: Einstieg in Sprach-KI

Die OpenAI API bietet ein flexibles und leistungsstarkes Toolset, mit dem Entwickler Sprach-KI mit minimalem Aufwand in reale Anwendungen integrieren können. Mit nur wenigen Zeilen Python-Code lassen sich menschenähnliche Texte generieren, Code schreiben, Sprachen übersetzen, Inhalte zusammenfassen und vieles mehr – ideal für einen praxisorientierten Einstieg ins KI-Engineering.

Sehen wir uns an, wie das in der Praxis funktioniert – mit der offiziellen Python-Bibliothek openai.

-

Textvervollständigung

Das folgende Beispiel zeigt, wie man den ChatCompletion-Endpunkt nutzt, um eine professionelle E-Mail zu generieren:

```
def generate_email():
    import openai
    openai.api_key = "YOUR_API_KEY"

    response = openai.ChatCompletion.create(
        model="gpt-4.1",
        messages=[
```

```
        {"role": "system", "content": "You are an email
assistant."},
        {"role": "user", "content": "Formulieren Sie eine E-Mail,
um ein Meeting für nächsten Montag um 10 Uhr zu vereinbaren.."}
    ]
  )

  print(response['choices'][0]['message']['content'])
```

Erwartete Ausgabe:

```
Hi, ich hoffe, es geht Ihnen gut. Wären Sie nächsten Montag um 10 Uhr
für ein Treffen verfügbar? Bitte lassen Sie mich wissen, ob dieser
Termin für Sie passt.
```

Codegenerierung

Sie können den Kontext ganz einfach anpassen, indem Sie den System-Prompt ändern. Im folgenden Beispiel wird eine Funktion generiert, die einen String in Python umkehrt:

```
def generate_code():
    import openai
    openai.api_key = "YOUR_API_KEY"

    response = openai.ChatCompletion.create(
        model="gpt-4.1",
        messages=[
            {"role": "system", "content": " Sie sind ein hilfreicher
Programmierassistent."},
```

```
            {"role": "user", "content": " Schreiben Sie eine Python-
Funktion, die einen String umkehrt."}
        ]
    )

    print(response['choices'][0]['message']['content'])
```

Ausgabe:

```
def reverse_string(s):
    return s[::-1]
```

-

```
def translate_text():
    import openai
    openai.api_key = "YOUR_API_KEY"

    response = openai.ChatCompletion.create(
        model="gpt-4.1",
        messages=[
            {"role": "user", "content": " Übersetze ‚Wie geht es dir?‘
ins Französische."}
        ]
    )

    print(response['choices'][0]['message']['content'])
```

Erwartete Ausgabe:

```
Comment ça va?
```

-

Installationsanleitung

So legen Sie los:

1. Registrieren Sie sich unter platform.openai.com und holen Sie sich Ihren API-Schlüssel.
2. Installieren Sie die Client-Bibliothek:

```
pip install openai
```

3. Erstellen Sie Ihr Prompt mit einem messages-Array.

Sie können das Verhalten mit Parametern wie folgt anpassen:

- temperature: Höhere Werte wie 0,9 führen zu zufälligeren Ausgaben
- max_tokens: Begrenzt die Länge der Ausgabe

-

Fehlerbehandlungsmuster

Robuste Anwendungen enthalten Fallback-Logik:

```
try:
    response = openai.ChatCompletion.create(...)
except openai.error.AuthenticationError:
    print("Ungültiger API-Schlüssel.")
except openai.error.RateLimitError:
    print("Anfragelimit überschritten. Bitte versuchen Sie es später
erneut.")
```

```
except Exception as e:
    print(f"Unerwarteter Fehler:{e}")
```

-

Hinweise zur Skalierung und Optimierung

- Verwenden Sie gpt-4.1, um große Kontextfenster (bis zu 1 Million Token) zu verarbeiten.
- Setzen Sie auf o4-mini oder ähnliche kleinere Modelle für schnelle oder kostensensitive Aufgaben.
- Reduzieren Sie die Eingabelänge (Prompt-Größe) und bündeln Sie Anfragen, um die Kosten zu minimieren.

-

Echte Anwendungsfälle

Kundensupport-Bot:

```
{"role": "system", "content": "Sie sind ein hilfreicher Kundensupport-Agent."}
```

Führen Sie Sitzungen mit Nachrichtenverlauf und liefern Sie prägnante, hilfreiche Antworten.

Generator für Marketinginhalte:

```
{"role": "user", "content": "Erstellen Sie eine ansprechende Werbeanzeige für eine neue umweltfreundliche Wasserflasche."}
```

Verkaufsdaten-Zusammenfasser:

```
{"role": "user", "content": "Fassen Sie die wichtigsten Erkenntnisse aus diesem Verkaufsbericht zusammen: <Inhalt hier einfügen>"}
```

-

Prototyping mit vortrainierten Modellen

Die API ermöglicht schnelle Experimente. Sie können:

- Verschiedene Formulierungen von Prompts testen
- Mit unterschiedlichen Temperature-Werten arbeiten
- Instruktionsmuster wie „Denken Sie Schritt für Schritt" einsetzen

-

Zusammenfassung bewährter Praktiken

- Systemrollen klar definieren
- Fehlerbehandlung in produktiven Anwendungen implementieren
- Nutzung und Kosten mit Dashboards überwachen
- Client-seitiges Throttling für Skalierung einsetzen

-

Die API von OpenAI gibt Ingenieuren die Möglichkeit, intelligente Anwendungen schnell und effizient zu entwickeln. Ob Sie einen Chatbot prototypisieren, Dokumente analysieren oder personalisierte Inhalte generieren – die Beherrschung dieser Werkzeuge erschließt Ihnen greifbare, beruflich verwertbare Kompetenzen im KI-Engineering.

HuggingFace Hub: Community-basiertes Machine Learning

Der HuggingFace Hub ist eine zentrale Plattform für zugängliches, kollaboratives Machine Learning – ausgestattet mit umfangreichen Ressourcen, intuitiven Tools und einer lebendigen Entwickler-Community. Das umfangreiche Modell-Repository bietet Zugriff auf über 300.000 Modelle für NLP, Computer Vision, Sprachverarbeitung und multimodale Aufgaben. Ingenieure können leistungsstarke Modelle wie BERT für Textklassifikation, Whisper für Speech-to-Text, Stable Diffusion für Bildgenerierung oder LLaMA 2 für konversationelle KI mühelos nutzen.

Eine einfache Suche nach Sentiment-Analyse-Modellen liefert Hunderte von Treffern, jeweils mit klaren Metriken wie F1-Score, Genauigkeit und Kommentaren der Ersteller versehen. Ein Data Scientist, der RoBERTa, DistilBERT und ELECTRA evaluieren möchte, kann unkompliziert Versionshistorien, Datensatzkompatibilität und Nutzungsstatistiken vergleichen – etwa für ein Twitter-Mining-Projekt zur Meinungsanalyse. Erweiterte Metadatenfilter erleichtern die Navigation in diesem riesigen Ökosystem zusätzlich. Durch ausführliche Modellkarten und transparente Benchmark-Ergebnisse erhalten selbst kleine Teams und Einzelentwickler schnellen Zugang zu hochaktuellen Modellen (Daily Papers – Hugging Face, 2025).

Der Fine-Tuning-Workflow ist entscheidend, um allgemeine Modelle an spezifische Fachdomänen anzupassen. HuggingFace stellt dafür leistungsfähige APIs und CLI-Tools bereit, die eine einfache Adaption ermöglichen. Mit der beliebten transformers-Bibliothek lässt sich etwa ein BERT-Modell mit wenigen Zeilen Code feinjustieren:

```
from transformers import AutoTokenizer,
AutoModelForSequenceClassification, TrainingArguments, Trainer
```

```
model_name = "bert-base-uncased"
tokenizer = AutoTokenizer.from_pretrained(model_name)
model = AutoModelForSequenceClassification.from_pretrained(model_name)

training_args = TrainingArguments(
    output_dir="./results",
    num_train_epochs=3,
    per_device_train_batch_size=8,
    evaluation_strategy="epoch"
)

trainer = Trainer(
    model=model,
    args=training_args,
    train_dataset=my_train_dataset,
    eval_dataset=my_eval_dataset
)

trainer.train()
```

Für Kommandozeilen-Nutzer bieten Tools wie `transformers-cli` direkte Upload- und Download-Funktionen, während die Bibliothek `accelerate` das verteilte Training auf Clustern und GPUs vereinfacht. Ein vollständiges Fine-Tuning ist ideal, wenn große gelabelte Datensätze vorliegen – etwa zur Klassifikation von Radiologieberichten oder zur Relevanzbewertung von E-Commerce-Suchergebnissen. Wenn Daten oder Rechenressourcen begrenzt sind, greifen Ingenieure auf parameter-effiziente Methoden wie LoRA zurück – besonders effektiv in Bereichen wie Finanzprognosen oder der Analyse klinischer Dokumente.

Empirische Ergebnisse unterstreichen diesen Nutzen: Das Fine-Tuning von BERT auf klinischen Texten mit nur 5.000 Beispielen steigerte den F1-Score von 0,82 auf 0,91. Kommerzielle Fine-Tuning-APIs schneiden hingegen oft schlechter ab – mit nur 37 % Genauigkeit bei Wissensintegration und 19 % bei Inhaltsaktualisierungen –, was die weiterhin zentrale Rolle von gemeinschaftlich entwickelten Skripten und offenen Datensätzen verdeutlicht (Daily Papers – Hugging Face, 2025).

Offene Zusammenarbeit ist ein weiteres zentrales Element des Hubs. Die Foren sind aktive Diskussionsräume, in denen Nutzer Probleme wie Modellhalluzinationen, Tokenisierungsfehler oder Engpässe beim Deployment gemeinsam lösen. In einem aktuellen Thread analysierte und behob die Community eine Latenzspitze bei einem Bildmodell nach einem Versionsupdate – und veröffentlichte binnen 48 Stunden gemeinsam einen Patch. Initiativen wie das BigScience-Projekt – mit über 1.000 Mitwirkenden weltweit – führten zur Entwicklung des mehrsprachigen BLOOM-Modells und zeigen die Stärke dezentraler Zusammenarbeit.

Community-Events wie Hackathons, Model Sprints und Speaker-Reihen fördern schnelles Lernen und direkten Austausch unter Gleichgesinnten. Die Open-LLM-Leaderboard-Plattform etwa motiviert zur Einreichung und zum Benchmarking neuer Modelle, beschleunigt die Innovation und hilft Entwicklern, auf dem neuesten Stand der Technik zu bleiben (Daily Papers – Hugging Face, 2025).

Der Übergang vom Prototyp zur Produktion erfolgt mit den integrierten Bereitstellungsfunktionen von HuggingFace nahtlos. Nach dem Training oder Fine-Tuning lassen sich Modelle per Python-Skript oder Git-basierter Pipeline in den Hub hochladen – mit automatischer Versionierung, Dokumentation und sofort einsatzfähigen API-Endpunkten. Das Hosting auf HuggingFace Spaces ermöglicht Live-Demos mit Tools wie Gradio oder Streamlit – für direktes Nutzerfeedback und schnelle Iteration.

Für skalierbare Inferenz stellt die Plattform HuggingFace Inference Endpoints bereit – mit automatischer Skalierung über AWS, Azure oder GCP, GPU-Unterstützung und privaten Cloud-Konfigurationen. So kann etwa eine FinTech-API einen BART-Zusammenfasser über einen autoskalierenden Endpunkt bereitstellen und weltweit Zusammenfassungen in unter 300 Millisekunden liefern. Und mit nur einer einzigen Codezeile `–pipeline("text-classification", model="my-model")-` können Entwickler robuste Inferenz-Pipelines mit minimalem Aufwand produktiv setzen.

Gestützt durch umfangreiche Dokumentation und aktiv gepflegte Bibliotheken gewährleistet die Infrastruktur von HuggingFace Reproduzierbarkeit und Stabilität – vom Forschungslabor bis in den Produktionseinsatz.

Durch die Kombination aus einfachem Modellzugriff, effizientem Fine-Tuning, lebendiger Zusammenarbeit und reibungsloser Bereitstellung definiert der HuggingFace Hub den Machine-Learning-Workflow neu – und dient als unverzichtbare Plattform für moderne KI-Entwicklung (Daily Papers – Hugging Face, 2025).

FastAPI: Blitzschnelle APIs für KI

Geschwindigkeit und Async-Fähigkeiten

KI-Workloads erfordern oft eine schnelle, nicht-blockierende Bereitstellung von Inferenzen – sei es lokal oder über Plattformen wie HuggingFace. FastAPI, basierend auf Starlette und unterstützt durch Python-Typannotationen, bietet asynchrones Request-Handling in großem Maßstab. Die async/await-Syntax ermöglicht nicht-blockierende I/O-Operationen – ideal für Modellinferenzen oder entfernten Datenzugriff, ohne den Anwendungsthread zu blockieren.

Eine typische asynchrone Route in FastAPI sieht so aus:

```
from fastapi import FastAPI


app = FastAPI()


@app.post("/predict")
async def predict(data: dict):
    result = await async_model_infer(data)
    return {"prediction": result}
```

In diesem Fall ruft `async_model_infer` möglicherweise ein gehostetes ML-Modell auf oder lädt Artefakte aus einem Cloud-Speicher. FastAPIs Eventloop sorgt dafür, dass parallele Anfragen weiterhin bedient werden – entscheidend bei Lastspitzen und variierender Inferenzlatenz (Service, 2024; Raman Bazhanau, 2024).

FastAPI zählt zu den performantesten Python-Frameworks. Benchmarks zeigen Durchsatzraten nahe an Node.js und Go, wenn es unter ASGI-Servern wie Uvicorn oder Gunicorn mit UvicornWorker betrieben wird. Bei Optimierung verarbeitet es zehntausende Anfragen pro Sekunde – ideal für latenzkritische KI-Dienste (Service, 2024).

Dokumentationsfunktionen

FastAPI generiert automatisch OpenAPI-konforme (Swagger) Dokumentation auf Basis von Python-Typannotationen und Pydantic-Modellen. Dies ermöglicht interaktive Tests und erleichtert die Integration. Beispiel:

```
from pydantic import BaseModel


class InputData(BaseModel):
    inputs: list[str]


@app.post("/classify", response_model=dict)
async def classify(input: InputData):
    result = await model.classify(input.inputs)
    return {"outputs": result}
```

Dieses Setup erstellt automatisch eine interaktive Swagger-UI unter`/docs` und eine ReDoc-Seite unter`/redoc`, über die Nutzer Eingabeformate erkunden und Echtzeit-Inferenzen testen können. Typannotationen reduzieren Laufzeitfehler und beschleunigen das Onboarding durch klar definierte Ein- und Ausgaben (Service, 2024; Raman Bazhanau, 2024).

Skalierbarkeitselemente

Dank seines zustandslosen Designs unterstützt FastAPI skalierbare Architekturen. Für produktive KI-Endpunkte – etwa Textklassifikatoren oder Vision-Pipelines – können mehrere Worker unter Gunicorn betrieben werden:

```
# gunicorn.conf.py
workers = 4
worker_class = "uvicorn.workers.UvicornWorker"
```

Ein vorgelagerter Reverse-Proxy wie Nginx übernimmt SSL-Terminierung, das Ausliefern statischer Assets und effizientes Routing. Ein robuster Produktionsstack könnte bestehen aus:

- FastAPI-App mit asynchroner Modellinferenz
- Uvicorn oder Gunicorn (ASGI-Server)
- Systemd oder Supervisor für Prozessmanagement
- Nginx als Reverse-Proxy mit SSL
- Optional: CDN für die Bereitstellung von ML-Artefakten

FastAPI ist weit verbreitet in containerisierten Umgebungen wie Docker und Kubernetes. Es unterstützt Blue-Green-Deployments, Rolling Updates und Autoscaling – alles essenziell für den stabilen Betrieb sich ständig weiterentwickelnder ML-Modelle (Service, 2024; Raman Bazhanau, 2024).

Microservices und Integrationsmuster

FastAPI folgt dem Microservice-Prinzip und erlaubt es, Inferenz-Endpunkte als eigenständige Dienste zu betreiben. Diese können über REST, WebSockets oder gRPC kommunizieren und lassen sich in Modell-Registries, Observability-Plattformen und Sicherheitsarchitekturen integrieren.

TestFramework

Für eine robuste Entwicklung stellt FastAPI den TestClient zur Verfügung, um API-Aufrufe zu simulieren:

```
from fastapi.testclient import TestClient

client = TestClient(app)

def test_classify():
    response = client.post("/classify", json={"inputs": ["example
text"]})
    assert response.status_code == 200
    assert "outputs" in response.json()
```

Dies ermöglicht Unit- und Integrationstests mit minimalem Aufwand. Exception-Handler und integriertes Logging beschleunigen das Debugging, während die native Unterstützung für Prometheus und ELK-Stacks eine detaillierte Überwachung erlaubt (Raman Bazhanau, 2024).

Durch den Einsatz von Umgebungsvariablen, strukturierten Logs und containerfreundlicher Architektur lässt sich FastAPI nahtlos in CI/CD-Pipelines und DevOps-Workflows integrieren.

Gemeinsam bieten HuggingFace und FastAPI ein leistungsstarkes Stack zum Erstellen, Feinabstimmen, Bereitstellen und Skalieren von KI-Lösungen – mit hoher Geschwindigkeit, Zuverlässigkeit und entwicklerfreundlichen Tools.

Skalierbarkeitselemente

Dank seines zustandslosen Designs unterstützt FastAPI skalierbare Architekturen. Für produktive KI-Endpunkte – wie Textklassifikatoren oder Bildverarbeitungspipelines – können mehrere Worker unter Gunicorn betrieben werden:

```
# gunicorn.conf.py
workers = 4
worker_class = "uvicorn.workers.UvicornWorker"
```

Ein vorgeschalteter Reverse-Proxy wie Nginx übernimmt dabei die SSL-Terminierung, das Ausliefern statischer Dateien und das effiziente Routing. Ein robuster Produktionsstack kann z. B. enthalten:

- FastAPI-App mit asynchroner Modellinferenz
- Uvicorn oder Gunicorn (ASGI-Server)
- Systemd oder Supervisor für Prozessverwaltung
- Nginx als Reverse-Proxy mit SSL
- Optional: CDN zur Auslieferung von ML-Artefakten

FastAPI ist weit verbreitet in containerisierten Umgebungen wie Docker oder Kubernetes. Es unterstützt Blue-Green-Deployments, Rolling Updates und Autoscaling – entscheidend für den stabilen Betrieb dynamisch weiterentwickelter ML-Modelle (Service, 2024; Raman Bazhanau, 2024).

Microservices und Integrationsmuster

FastAPI folgt konsequent Microservice-Prinzipien und erlaubt es, Inferenz-Endpunkte als eigenständige Dienste zu betreiben. Diese kommunizieren über REST, WebSockets oder gRPC und lassen sich mit Modellregistrierungen, Observability-Plattformen und Sicherheitsschichten integrieren.

TestFramework

Für eine robuste Entwicklung stellt FastAPI den TestClient zur Verfügung, um API-Aufrufe zu simulieren:

```
from fastapi.testclient import TestClient

client = TestClient(app)

def test_classify():
    response = client.post("/classify", json={"inputs": ["example
text"]})
    assert response.status_code == 200
    assert "outputs" in response.json()
```

Dies ermöglicht unkompliziertes Unit- und Integrationstesten. Exception-Handler und integriertes Logging beschleunigen die Fehlersuche, während native Unterstützung für Prometheus und ELK-Stacks eine detaillierte Überwachung ermöglicht (Raman Bazhanau, 2024).

Der Einsatz von Umgebungsvariablen, strukturierten Logs und containerfreundlicher Architektur erlaubt eine reibungslose Integration in CI/CD-Pipelines und DevOps-Workflows.

Docker: Zuverlässiges Deployment überall

Docker ist für KI-Ingenieure inzwischen ein zentrales Werkzeug, um Modelle zuverlässig bereitzustellen und reproduzierbare Umgebungen zu schaffen. KI-Projekte erfordern komplexe Kombinationen aus Frameworks, Systembibliotheken und Hardware-Treibern – was konsistente Entwicklungsumgebungen oft schwierig macht. Der entscheidende Vorteil von Docker liegt darin, sämtliche Abhängigkeiten – Python, CUDA-Treiber, TensorFlow, PyTorch, scikit-learn, Datensätze – in eigenständige, portable Images zu kapseln.

Mit einer Dockerfile-Definition lassen sich alle Komponenten exakt festlegen, inklusive Basisbetriebssystem. Ein typisches AI-Dockerfile beginnt etwa mit `python:3.8-slim`, installiert die Abhängigkeiten via `pip install -r requirements.txt`, kopiert benutzerdefinierte Binaries und setzt wichtige Umgebungsvariablen wie `CUDA_VISIBLE_DEVICES`. Das Ergebnis ist ein unveränderbarer Container, der sich auf Laptop, GPU-Cluster oder Cloud-Knoten identisch verhält (Vidya Ugare, 2024).

Reproduzierbarkeit ist besonders in Forschung und regulierten Branchen essenziell. Docker macht den gesamten Build-Prozess transparent. Statt eine neue Maschine manuell einzurichten, reicht der folgende Befehl:

```
docker build .
docker run -it <image>
```

...um in Sekunden eine identische Umgebung zu starten. So lassen sich genaue TensorFlow- oder CUDA-Versionen konsistent nutzen. Die NVIDIA-Integration erfolgt über CUDA-Basisimages und das `nvidia-docker` -Runtime, um GPU-Unterstützung für Training und Inferenz sicherzustellen. Dies verhindert Umgebungsabweichungen und beschleunigt den Übergang von der Experimentierphase zur Produktion (Breaking down the Web Application Deployment Process, o. D.).

Die Verwaltung von Container-Versionen ist entscheidend, wenn sich Modelle und Abhängigkeiten weiterentwickeln. Docker unterstützt das sogenannte Image-Tagging – zum Beispiel `1.0.0`, `experiment-20240120`, `oder latest`. So können Teams Konfigurationen nachverfolgen, reproduzieren und bei Bedarf zurücksetzen. Abhängigkeiten werden üblicherweise in der Datei `requirements.txt`, fixiert. Aussagekräftige Tags wie `ml-model-cuda112-torch180` erleichtern das Pushen in Registries. Diese versionierte Historie stellt sicher, dass frühere Umgebungen bei auftretenden Regressionen sofort erneut bereitgestellt werden können.

Wenn Aktualisierungen nötig sind – etwa beim Upgrade von PyTorch oder dem Hinzufügen eines Preprocessing-Skripts – wird ein neues Image erstellt und gespeichert, ohne bestehende Builds zu überschreiben. Teams können so schnell zwischen Versionen wechseln, Funktionen wiederherstellen oder Fehler präzise reproduzieren (Vidya Ugare, 2024).

Für die Zusammenarbeit dienen Docker-Registries als zentrale Verteilstellen. Öffentliche Optionen wie Docker Hub sowie private Lösungen wie AWS Elastic Container Registry ermöglichen es Teams, gemeinsam genutzte Umgebungen `docker push und docker  pull` zu verteilen. Das garantiert, dass alle Beteiligten dieselben

Konfigurationen verwenden, wodurch Umgebungsinkonsistenzen vermieden werden. Die Fehlersuche wird dadurch systematisch: Tritt ein Bug nur auf dem System eines Kollegen auf, kann er mithilfe des gemeinsamen Images exakt reproduziert werden (Breaking down the Web Application Deployment Process, o. D.; Vidya Ugare, 2024).

Wächst der Bedarf über lokale Entwicklungsmaschinen hinaus, lässt sich Docker nahtlos mit den wichtigsten Cloud-Anbietern integrieren. AWS, Azure und GCP unterstützen Container-Deployments nativ. Plattformen wie AWS SageMaker oder Google AI Platform akzeptieren Docker-Images direkt als Inferenz-Endpunkte. In Produktionsumgebungen übernehmen meist Kubernetes-Cluster das Container-Management – inklusive horizontalem Scaling, Fehlerbehandlung und Routing.

Eine typische CI/CD-Pipeline könnte folgendermaßen ablaufen:

- Ein Modell wird via GitHub Actions trainiert
- Nach einem erfolgreichen Commit wird ein Docker-Image gebaut
- Das Image wird in eine Registry gepusht
- Laufende Dienste werden automatisch mit dem neuen Image aktualisiert

Dies ermöglicht Zero-Downtime-Updates für KI-Modelle, Inferenz-Skripte und Abhängigkeitsänderungen. Docker verwandelt das Deployment von KI-Anwendungen so von einem manuellen, fehleranfälligen Prozess in einen automatisierten und stabilen Entwicklungszyklus (Vidya Ugare, 2024; Breaking down the Web Application Deployment Process, o. D.).

MLflow: Monitoring von KI im Einsatz

Containerisierte Umgebungen haben sich in der KI-Entwicklung als Standard etabliert und bieten Konsistenz sowie Skalierbarkeit für das Erstellen, Trainieren und Bereitstellen von Machine-Learning-Modellen. Innerhalb dieser Umgebungen kann das Management einer wachsenden Anzahl an Experimenten, Datensätzen und Modellen jedoch schnell unübersichtlich werden. MLflow begegnet dieser Komplexität, indem es Experiment-Tracking, Metrikprotokollierung, Reproduzierbarkeit und Visualisierung in einer einzigen Plattform vereint. So können Teams ihre ML-Workflows streng kontrollieren und gleichzeitig die Entwicklung beschleunigen.

Dank nativer Integration mit führenden ML-Bibliotheken und Unterstützung flexibler Bereitstellungsoptionen ermöglicht MLflow eine nahtlose Einführung in unterschiedlichsten technischen Stacks und organisatorischen Kontexten (MLflow: A Tool for Managing the Machine Learning Lifecycle | MLflow, 2025).

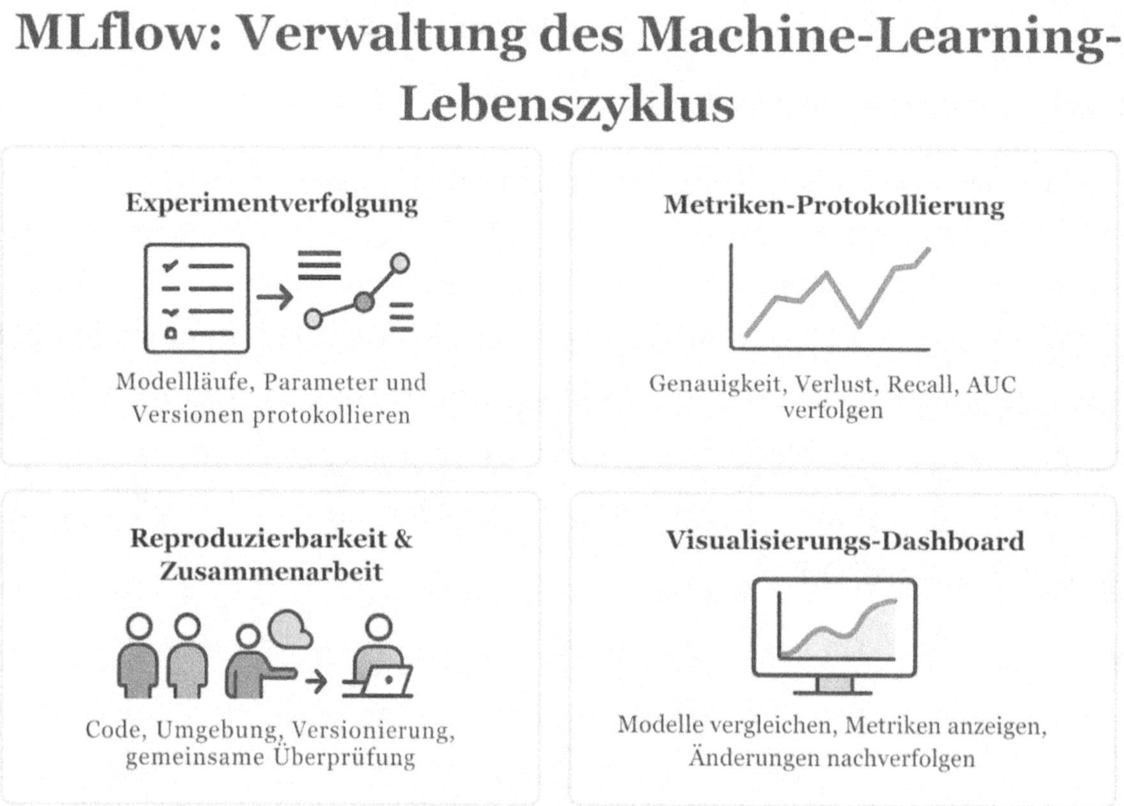

Machine-Learning-Projekte erfordern häufig das Durchführen dutzender oder sogar hunderter Experimente, um Hyperparameter abzustimmen und die Modellleistung zu verbessern. Das Experiment-Tracking von MLflow ermöglicht es Entwicklern, jeden Trainingslauf mit allen relevanten Parametern, Artefakten, Modellcodes und Ergebnissen zu protokollieren. Beim Training eines Regressionsmodells mit scikit-learn würde ein Ingenieur beispielsweise Eingabefeatures, Modelltyp, Regularisierungsparameter, Zufallsstartwert, Git-Commit-SHA und sogar die verwendete Python-Version erfassen. Diese Parameter werden mit `mlflow.autolog()` automatisch oder für mehr Kontrolle manuell erfasst, sodass ein vollständiges Archiv aller Versuche entsteht (MLflow, 2025).

Angenommen, ein Data Scientist möchte Random-Forest-Modelle mit unterschiedlichen Tiefen und Lernraten vergleichen: Durch das Protokollieren jedes Laufs werden sämtliche Varianten – Modellstruktur, Datenaufteilung, Ergebnisse – gespeichert und sind später vergleichbar. Der Modellvergleich wird intuitiv, da MLflow tabellarische Übersichten aller Läufe nebeneinander darstellt, sodass sich die vielversprechendsten Modelle anhand von Validierungsgenauigkeit, Verlust oder F1-Score leicht identifizieren lassen. Wenn ein Lauf schlechte Ergebnisse liefert – etwa durch fehlerhafte Parameter oder einen Datenfehler –, ermöglicht das entsprechende Protokoll eine schnelle Ursachenanalyse.

Metrikprotokollierung

Die präzise Verfolgung von Leistungsmetriken ist entscheidend, um die Qualität von Experimenten und Modellvorhersagen zu beurteilen. MLflow unterstützt sowohl automatisches als auch benutzerdefiniertes Logging von Metriken – darunter Standardmetriken wie Genauigkeit, Präzision, Recall, Verlust und ROC-AUC, aber auch domänenspezifische Kennzahlen. Diese Metriken werden in Echtzeit aktualisiert und pro Experiment gespeichert.

ML-Ingenieure können Alarme einrichten, um Warnsignale wie plötzliche Verlustspitzen, verschwindende Gradienten oder stagnierende Metriken zu erkennen – Anzeichen für Overfitting oder Data Drift. Automatisches Logging reduziert manuelle Fehler erheblich und schafft eine verlässliche Metrikhistorie. Beim Modell-Tuning helfen Konvergenzkurven und Metrikverläufe dabei, effektive Hyperparameter zu identifizieren. Ein starker Genauigkeitsabfall nach Erhöhung der Modellkomplexität würde etwa sofort auf Overfitting hindeuten – klar ersichtlich in der MLflow-Oberfläche (MLflow, 2025).

Reproduzierbarkeit und Zusammenarbeit

Reproduzierbarkeit ist eine ständige Herausforderung in der KI-Entwicklung, insbesondere wenn Code, Daten und Abhängigkeiten häufig geändert werden oder Teammitglieder remote arbeiten. MLflow begegnet diesem Problem durch das Protokollieren sämtlicher Komponenten: Parameterwerte, Modellcode, Gewichte, Abhängigkeiten, versionierte Artefakte und Datenbeispiele – so lässt sich jeder Lauf präzise rekonstruieren.

Die Umgebungskonfiguration – inklusive installierter Bibliotheken und systemweiter Voraussetzungen – wird über die Umgebungsprotokollierung von MLflow erfasst. So lassen sich Experimente reproduzieren, Produktionsmodelle prüfen und regulatorische Anforderungen erfüllen. Ein Modell, das auf dem Laptop eines Engineers trainiert wurde, kann dadurch von einem Kollegen in einer Cloud-Umgebung repliziert werden – MLflow speichert sowohl die verwendete Conda- oder Pip-Umgebung als auch das Ausführungsskript.

Eine erfolgreiche Zusammenarbeit im Team wird durch geteilte MLflow-Server unterstützt: Mehrere Nutzer können Läufe prüfen, kommentieren und Modellversionen durch systematische Phasen wie Staging, Produktion und Archivierung fördern (MLflow: A Tool for Managing the Machine Learning Lifecycle | MLflow, 2025).

Visualisierungsmöglichkeiten

Datenvisualisierung ist entscheidend für Erkenntnisse und fundierte Entscheidungen. Das MLflow-Dashboard bietet Fortschrittsverfolgung, Metrikdiagramme und die Durchsuchung von Modellartefakten. Nutzer können Leistungsdiagramme – wie Genauigkeit über Zeit, Parameter-Heatmaps und Konfusionsmatrizen – interpretieren, um Modellauswahl und Iteration zu steuern.

Der Vergleich Dutzender Modellläufe mit unterschiedlichen Eingabedaten oder Architekturen wird auf wenige Klicks im Dashboard reduziert. Leistungsabfälle, Ausreißerläufe und Konvergenzmuster sind sofort sichtbar. Bei Präsentationen für Stakeholder liefern die Visualisierungen von MLflow klare, datengestützte Argumente für den produktiven Einsatz eines Modells oder dessen Neutraining auf aktuellen Daten.

Der Einstieg in MLflow in einem typischen Deep-Learning-Workflow kann darin bestehen, einen MLflow-Tracking-Server in einem Docker-Container zu starten, Trainingsskripte mit `mlflow.autolog()` zu instrumentieren und die Ergebnisse über die Benutzeroberfläche zu analysieren. Ein häufiger Fehler ist das fehlende Synchronisieren von Versionskontrolle und Experiment-Tracking – was zu „verlorenen" Modellkontexten führt. Dies lässt sich vermeiden, indem bei jedem Lauf die Git-SHA mitgeloggt wird – eine Best Practice für Nachvollziehbarkeit.

Effektive Teamarbeit entsteht, wenn alle Beteiligten zu einer gemeinsamen MLflow-Instanz beitragen, erfolgversprechende Läufe annotieren und registrierte Modelle in einem Freigabeprozess prüfen – so werden Reibungsverluste reduziert und eine konsistente, reproduzierbare Datenwissenschaft im großen Maßstab ermöglicht (MLflow, 2025).

Durch die Integration von MLflow in containerisierte Workflows gewinnen Organisationen dauerhafte Ordnung, Rückverfolgbarkeit und Zuverlässigkeit in der KI-Entwicklung.

Alles zusammenführen

Nachdem wir nun die wichtigsten Tools und Plattformen kennengelernt haben, die das moderne AI Engineering prägen – von der Nutzung leistungsstarker Sprachmodell-APIs und community-getriebener Ressourcen über den Aufbau skalierbarer APIs mit FastAPI, das Bereitstellen stabiler Umgebungen mit Docker bis hin zum effektiven Experiment-Tracking mit MLflow – verfügen Sie über eine praxisnahe Grundlage, um KI-Anwendungen sicher zu entwickeln, bereitzustellen und zu verwalten.

Die Beherrschung dieser Technologien ermöglicht es Ihnen, über theoretisches Wissen hinaus in die praktische Entwicklung einzusteigen und Lösungen zu schaffen, die in realen Szenarien zuverlässig funktionieren, dabei reproduzierbar und skalierbar bleiben. Während Sie Ihre Lernreise fortsetzen, wird die Integration dieser Werkzeuge Ihre Fähigkeit beschleunigen, wirkungsvolle KI-Projekte umzusetzen, sich an neue Anforderungen anzupassen und aktiv zur lebendigen, kollaborativen AI-Engineering-Community beizutragen.

Kapitel 4

Magie der Chatbots: Dein erstes KI-Projekt mit OpenAI entwickeln

Hast du dich jemals gefragt, was es braucht, um einen KI-Chatbot zu bauen, der natürlich und hilfreich wirkt – statt roboterhaft und verwirrend? Wie schaffen es Entwickler:innen, aus einer einfachen Idee ein funktionierendes Programm zu machen, das Gespräche versteht, angemessen reagiert und mit der Zeit intelligenter wird?

Welche Tools und Schritte sind nötig, um mit der Technologie von OpenAI einen Chatbot zu entwickeln – vom Einrichten der Programmierumgebung über das Verfeinern der Antworten bis hin zur professionellen Präsentation des fertigen Projekts?

Wenn dich diese Fragen beschäftigen, bietet dir dieses Kapitel einen klaren Einstieg in den Entwicklungsprozess. Es begleitet dich bei der Erstellung deines ersten KI-Chatbots – Schritt für Schritt: von der Gestaltung benutzerfreundlicher Dialoge und dem Aufbau deiner Entwicklungsumgebung über das Schreiben von Code und das Testen der Leistung bis hin zur Erweiterung der Funktionen.

Unterwegs lernst du praktische Methoden kennen, damit dein Chatbot in realen Situationen zuverlässig funktioniert – und erfährst, wie du dein Projekt wirkungsvoll präsentieren kannst, um neue Chancen zu eröffnen. Egal ob du gerade ins AI Engineering einsteigst, als Softwareentwickler:in umschulst oder einfach neugierig auf intelligente Anwendungen bist: Dieses Kapitel vermittelt dir die Grundlagen, um selbstbewusst funktionale, zuverlässige Chatbots zu bauen.

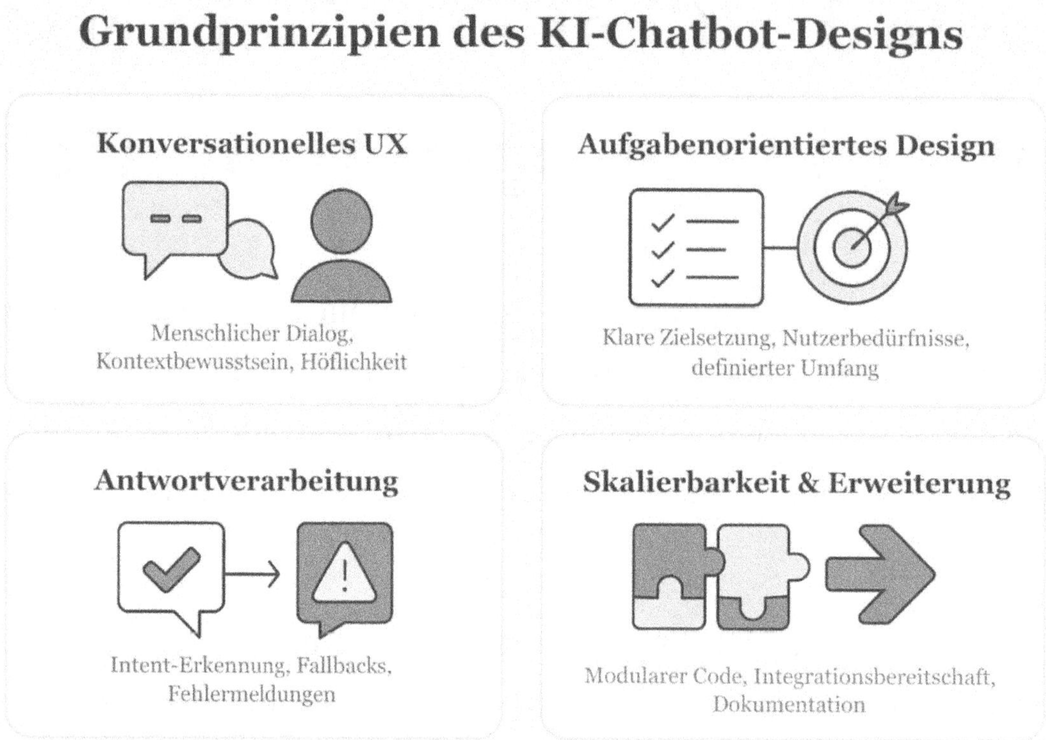

Grundlagen schaffen: Prinzipien des Chatbot-Designs

Ein gut gestalteter Chatbot beginnt mit einem tiefen Verständnis der konversationalen User Experience (UX). Im Kern erfordert natürliche Interaktion Gesprächsabläufe, die authentischen menschlichen Dialogen ähneln – unter Berücksichtigung von Kontext, Gesprächswechseln und einer Sprache, die intuitiv wirkt. Vertrauen wird durch durchdachte Design-Elemente wie höfliche Begrüßungen, relevante Antworten und Transparenz über die Fähigkeiten des Bots gestärkt.

Ein Chatbot, der beispielsweise mit „Hallo, wie kann ich Ihnen heute helfen?“ beginnt und klare Optionen anbietet, spiegelt nutzerzentriertes Denken wider. Im Gegensatz dazu untergraben Bots, die den Kontext des Nutzers ignorieren oder roboterhaft reagieren, das Vertrauen schnell. Effektive Gesprächsstrukturen erkennen Anfragen an, stellen bei Bedarf klärende Rückfragen und bieten Bestätigungen oder Folgeinformationen. Ein Reiseassistent etwa stärkt das Vertrauen der Nutzer, indem er Flugauswahlen und Reisebedingungen klar bestätigt (Janssen et al., 2022; Amore Rossouw & Smuts, 2023).

Gutes UX-Design geht über einfache Austauschmuster hinaus. Techniken wie Höflichkeitsstrategien, geführte Eingaben und definierte Grenzen helfen Nutzern, sich respektiert und in Kontrolle zu fühlen. Für ältere Erwachsene schafft das Formulieren von Anweisungen als Vorschläge – statt als Befehle – mehr Komfort und entspricht der Politeness-Theorie (Amore Rossouw & Smuts, 2023). Auch Transparenz ist wichtig: Eine klare Aussage wie „Ich bin ein KI-Assistent und kann keine Rechtsberatung geben, aber ich kann Ihnen helfen, Ressourcen zu finden" schafft Vertrauen und setzt realistische Erwartungen (Janssen et al., 2022).

Die nächste Säule des Designs ist die auf Aufgaben fokussierte Funktionalität. Ein Chatbot sollte mit einem klar definierten Zweck starten, der auf echten Nutzerbedürfnissen basiert. Dies beginnt mit Stakeholder-Interviews und der Erstellung von Journey Maps, um zu ermitteln, welche Probleme der Bot lösen soll und welche an Menschen weitergeleitet werden müssen. Ein E-Commerce-Support-Bot sollte sich zum Beispiel auf Kernfunktionen wie Bestellverfolgung, Retouren und Produkt-FAQs konzentrieren, anstatt irrelevante Anfragen zu bearbeiten.

Ein gut abgegrenztes Projekt stimmt die Aufgaben des Chatbots mit praktischen Ergebnissen und verfügbaren Ressourcen ab. Entwickler sollten die anfänglichen Intents und Aktionen klar definieren und Nutzerfeedback zur Steuerung zukünftiger

Iterationen nutzen (Janssen et al., 2022). Eng gefasste, spezialisierte Umfänge übertreffen breite in Bezug auf Klarheit und Nutzerzufriedenheit.

Ein weiteres entscheidendes Prinzip ist das robuste Antwortmanagement. Die Validierung von Chatbot-Ausgaben trägt zur Relevanz und Klarheit bei. Wichtige Techniken umfassen Kontextverfolgung und präzises Intent-Matching. Bei Unsicherheiten bieten Fallback-Antworten wie „Ich bin mir nicht sicher, wie ich dabei helfen kann – möchten Sie mit einer Person sprechen?“ elegante Ausstiege, ohne zu viel zu versprechen.

Transparente Fehlerbehandlung stärkt das Vertrauen zusätzlich. Anstatt kryptische Meldungen auszugeben, sollten Bots Eingaben umformulieren oder Vorschläge machen. Zum Beispiel: „Das habe ich nicht verstanden. Sie können mich nach Produktdetails oder Versand fragen.“ So bleiben Nutzer auf Kurs und werden vor Sackgassen im Gespräch bewahrt (Amore Rossouw & Smuts, 2023; Janssen et al., 2022).

Die Planung für Erweiterungen ist die letzte Säule. Eine modulare Architektur ermöglicht es Entwicklern, neue Funktionen – etwa Begrüßungen, Support-Flows oder Integrationen – hinzuzufügen, ohne bestehende Komponenten zu beeinträchtigen. Jeder Intent sollte als eigenständiges Modul aufgebaut sein, um Wartbarkeit und agile Updates zu unterstützen.

Umfassende Dokumentation ist der Schlüssel zur Skalierung: Das Abbilden von Intents, Antworten und API-Verbindungen sorgt für reibungsloses Onboarding und Debugging. Auch Integrationsfähigkeit ist entscheidend, da Chatbots oft mit CRMs,

Zahlungssystemen oder Analyseplattformen verbunden sind. Ein API-getriebenes Design unterstützt das Abrufen von Daten, Echtzeit-Updates und Mehrsprachigkeit.

Zusammen bilden diese Designprinzipien – konversationelle UX, aufgabenorientierte Struktur, Antwortmanagement und modulare Skalierbarkeit – ein Rahmenwerk zum Bau verlässlicher, nutzerfreundlicher Chatbots. Fundiert in praxisnaher Forschung stellen sie sicher, dass sich Ihr Chatbot mit den Bedürfnissen der Nutzer weiterentwickelt und gleichzeitig Klarheit, Konsistenz und Vertrauen wahrt (Janssen et al., 2022; Amore Rossouw & Smuts, 2023).

Erfolgreich starten: Ihre Programmierumgebung einrichten

Die richtige Entwicklungsumgebung ist entscheidend, um einen effektiven und sicheren, auf OpenAI basierenden Chatbot zu erstellen. In dieser Phase wird das konzeptionelle Chatbot-Design in wartbaren, praxisnahen Code überführt. Eine robuste Einrichtung stellt sicher, dass alle zuvor beschriebenen Funktionen und UX-Details nahtlos implementiert und erweitert werden können.

Beginnen Sie damit zu prüfen, ob Python installiert und aktuell ist. Öffnen Sie ein Terminal und führen Sie aus:

```
python --version
```

oder auf manchen Systemen:

```
python3 --version
```

Für Projekte mit modernen Frameworks wie *pygpt-net* wird Python 3.9 oder höher benötigt. Wenn das Terminal eine Version ≥3.9 anzeigt, ist die Umgebung bereit. Unter Windows muss nach der Installation von Python möglicherweise die PATH-Variable aktualisiert werden. Linux-Nutzer können Python 3.9+ installieren mit:

```
sudo apt-get install python3.9
```

Unter macOS wird typischerweise Homebrew verwendet:

```
brew install python@3.9
```

Python-Projekte profitieren von virtuellen Umgebungen, um Abhängigkeiten zu isolieren. Legen Sie zunächst einen Projektordner an und richten Sie dann die Umgebung ein:

```
python -m venv venv
```

oder:

```
python3.9 -m venv venv
```

Um die Umgebung zu aktivieren:

- Unter **Windows**:

```
venv\Scripts\activate
```

- Unter **macOS/Linux**:

```
source venv/bin/activate
```

Ihre Eingabeaufforderung zeigt dann (venv) an, um die Aktivierung zu bestätigen. Falls die Aktivierung fehlschlägt, überprüfen Sie Pfade und Terminal-Berechtigungen.

Als Nächstes konfigurieren Sie die sichere Integration mit der OpenAI-API. Melden Sie sich in Ihrem OpenAI-Konto an und generieren Sie im Dashboard einen API-Schlüssel. Speichern Sie diesen Schlüssel sicher – er darf niemals im Code hardcodiert oder öffentlich sichtbar sein.

So speichern Sie den Schlüssel sicher:

- Unter **macOS/Linux** in der Shell-Konfiguration (z.B., `~/.bashrc` oder `~/.zshrc`):

```
export OPENAI_API_KEY='sk-xxxxxxxxxxxxxxxxxxxxxxxx'
```

- Unter **Windows**, in der Eingabeaufforderung:

```
set OPENAI_API_KEY=sk-xxxxxxxxxxxxxxxxxxxxxxxx
```

Oder verwenden Sie das Menü *Umgebungsvariablen* für eine dauerhafte Konfiguration. Im Code greifen Sie so darauf zu:

```
import os
api_key = os.environ["OPENAI_API_KEY"]
```

Installieren Sie nun die benötigten Pakete. Legen Sie eine `requirements.txt` im Projektverzeichnis an mit folgendem Inhalt:

```
openai>=0.27.0
streamlit>=1.20
tiktoken
pygpt-net
```

Installieren Sie alle Abhängigkeiten mit:

```
pip install -r requirements.txt
```

Falls pip fehlschlägt, versuchen Sie ein Upgrade:

```
python -m pip install --upgrade pip
```

Prüfen Sie dann die Einrichtung in einer Python-Shell:

```
import openai
import streamlit
import tiktoken
```

Wenn keine Fehler erscheinen, ist Ihre Umgebung bereit. Dieses Setup stellt Zuverlässigkeit, Modularität und Sicherheit sicher – isolierte Abhängigkeiten, geschützte API-Keys und versionskontrollierte Werkzeuge bilden die Grundlage für skalierbare, wartbare Chatbot-Entwicklung. Mit diesem Fundament sind Sie bereit, in die Kernfunktionalitäten wie Antwortgenerierung, Eingabeverarbeitung und kontextuelles Gedächtnis einzusteigen (Pygpt-Net, 2023; GeeksforGeeks, 2024)

Praxisanleitung: Schritt-für-Schritt-Tutorial zur Chatbot-Programmierung

KI-Chatbots machen digitale Interaktionen reibungsloser – sei es bei der Beantwortung von Kundenanfragen oder der Unterstützung neuer Mitarbeitender beim Onboarding. Der Aufbau eines zuverlässigen, reaktionsschnellen Chatbots umfasst eine Reihe technischer und praktischer Schritte, die sicherstellen, dass das System hilfreich und robust ist.

Der Prozess beginnt mit der Auswahl der richtigen Werkzeuge. Python ist dank seines Ökosystems an NLP-Bibliotheken eine ausgezeichnete Wahl. Pakete wie **ChatterBot** bieten eine einfache Möglichkeit, Konversationsbots zu starten, indem sie auf bestehenden Sprachkorpora oder benutzerdefinierten Datensätzen trainiert werden. Mit nur wenigen Zeilen Code können Sie einen Chatbot initialisieren, trainieren und einfache Gespräche verarbeiten:

```
from chatterbot import ChatBot
from chatterbot.trainers import ChatterBotCorpusTrainer

bot = ChatBot("HelperBot")
trainer = ChatterBotCorpusTrainer(bot)
trainer.train("chatterbot.corpus.english")
```

Mit diesem Setup kann Ihr Bot nach minimalem Training grundlegende Interaktionen verstehen (Building an AI Chatbot Using Python and NLP, 2024).

Um reale Anwendungsfälle zu bewältigen, ist Kontextmanagement entscheidend. Durch das Speichern von Gesprächsverläufen können Chatbots Antworten geben, die mit vorherigen Interaktionen übereinstimmen. Dies verhindert Wiederholungen und lässt Antworten natürlicher wirken. Wenn ein Nutzer beispielsweise bereits seine Kontonummer angegeben hat, sollte der Bot nicht erneut danach fragen (Building a Conversational Chatbot with GPT-4: Step-By-Step Guide, 2024).

Das Anbinden externer APIs erweitert den Nutzen des Bots. Ob Aktienkurse oder Lagerbestände – Echtzeit-Integrationen steigern die Leistungsfähigkeit erheblich. Gleichzeitig muss eine robuste Fehlerbehandlung implementiert werden, damit der Bot Nutzer freundlich informiert, wenn Datenquellen nicht verfügbar sind.

Eine weitere wichtige Konfiguration betrifft das Feintuning der Ausgabeeigenschaften. Das Anpassen von Parametern wie *temperature* steuert die Kreativität der Antworten. In hochpräzisen Bereichen wie Finanzen oder HR erzeugt eine niedrige *temperature* fokussierte Antworten; im Vertrieb oder Support kann ein höherer Wert freundlichere, dynamischere Gespräche ermöglichen.

Für fortgeschrittene Funktionen sind Retrieval-Augmented Generation (RAG) und Frameworks wie Rasa eine Option. RAG erweitert Chatbots, indem Sprachmodelle mit Wissensabrufsystemen kombiniert werden, sodass detaillierte, kontextbezogene Antworten aus großen Datensätzen möglich sind. Rasa unterstützt strukturierte Abläufe, Intent-Erkennung und mehrstufige Dialoge. Intents, Entitäten und Stories können präzise definiert werden, um Konversationen gezielt zu steuern:

```
stories:
- story: greet and inquire product
  steps:
  - intent: greet
  - action: utter_greet
  - intent: ask_product
  - action: action_lookup_product
```

Diese Werkzeuge ermöglichen Bot-Entwicklung auf Enterprise-Niveau mit Erweiterbarkeit und tiefen Integrationsmöglichkeiten (Building an AI Chatbot Using Python and NLP, 2024).

Praxisanwendungen verdeutlichen den Mehrwert von Chatbots in verschiedenen Branchen:

- **Kundensupport**: Bots beantworten FAQs sofort und senken so das Ticketvolumen.
- **Finanzen**: Unterstützung bei Berechtigungsprüfungen oder Antragsprozessen.
- **HR**: Begleitung neuer Mitarbeitender durch den Onboarding-Prozess.
- **Vertrieb**: Produktempfehlungen basierend auf Interaktionshistorie.
- **Interner Support**: Weiterleitung von Mitarbeitenden zu relevanter IT- oder Dokumentationsressourcen.

Herausforderungen bleiben bestehen, etwa das elegante Verarbeiten unerwarteter Eingaben, die Integration mehrerer APIs und der Schutz von Daten. Kontinuierliches Retraining stellt sicher, dass sich der Bot an das Nutzerverhalten anpasst. Cloud-Deployment, CI/CD-Pipelines und Weboberflächen erleichtern Tests und Skalierung.

KI-Chatbots entwickeln sich zunehmend zu zentralen Werkzeugen in vielen Branchen. Ihre Fähigkeit, zu verstehen, sich zu erinnern, zu verknüpfen und zu automatisieren, macht sie zu starken Partnern beim Aufbau reaktionsschneller, intelligenter Systeme (Building a Conversational Chatbot with GPT-4: Step-By-Step Guide, 2024; Building an AI Chatbot Using Python and NLP, 2024).

Verfeinern und Weiterentwickeln: Testen und Erweitern des Chatbots

Ein robuster Ansatz für das Testen und Erweitern Ihres Chatbots beginnt mit funktionalem Testen. Konkrete Testfälle sollten die Erkennung von Begrüßungen, den Umgang mit Eingaben außerhalb des vorgesehenen Bereichs, das Abrufen von API-Daten, Eskalationstrigger und mehrstufige Dialoge abdecken. Ihre Testsuite sollte erwartete Nutzerintents, Edge Cases, Tippfehler, mehrdeutige Formulierungen und adversariale Eingaben umfassen. Manuelles Testen ist unverzichtbar, doch Automatisierung steigert Skalierbarkeit und Konsistenz erheblich. Tools wie Botium oder Test My Bot helfen, Nutzerflüsse zu simulieren, die NLP-Genauigkeit zu validieren und die Performance unter Last zu prüfen (SmythOS, 2024).

Strukturieren Sie Ihre Tests in YAML oder JSON, indem Sie Nutzereingaben, erwartete Ausgaben und Assertions definieren. Dieser Ansatz unterstützt Wiederholbarkeit und einfache Erweiterung der Tests. Um Verhalten und Leistung zu überwachen, implementieren Sie strukturiertes Logging. Protokollieren Sie jede Sitzung mit Zeitstempeln, Nutzereingaben, vorhergesagtem Intent, Antwort und Konfidenzwerten. Hier ein Logging-Beispiel:

```
import logging
logging.basicConfig(filename='chatbot_sessions.log',
level=logging.INFO)

def log_exchange(session_id, user_input, predicted_intent, response,
confidence):
```

```
logging.info(f"{session_id},{user_input},{predicted_intent},{confidenc
e},{response}")
```

Für Analytics sollten Sie Metriken wie Intent-Match-Genauigkeit, False Positives/Negatives, Lösungsrate und Antwortzeit verfolgen. Erstellen Sie Dashboards, um tägliche Erfolgsquoten, Eskalationshäufigkeit und missverstandene Phrasen zu visualisieren.

Kontextmanagement bleibt zentral. Speichern Sie den Gesprächsverlauf pro Sitzung – idealerweise in einem Fenster von 5–10 Nachrichten, um Kohärenz und API-Token-Limits auszubalancieren. Kürzen oder fassen Sie den Verlauf bei Bedarf dynamisch zusammen:

```
conversation_history = []

def add_to_history(role, message):
    conversation_history.append((role, message))
    if len(conversation_history) > 10:
        conversation_history.pop(0)
```

Bauen Sie Kontext-Reset-Trigger wie „/reset" ein oder setzen Sie Kontexte automatisch zurück – z. B. nach sensiblen Aufgaben, Authentifizierung oder Timeouts.

Rollenbasierte Antworten bieten Personalisierung und Domänenkontrolle. Definieren Sie Personas mit Einschränkungen bezüglich Ton, erlaubter Themen und Antwortstil:

```
support_persona = {
    "name": "SupportBot",
    "tone": "professional",
    "allowed_topics": ["Fehlerbehebung", "Konto"],
    "response_length": "prägnant"
}

friendly_persona = {
    "name": "Chloe",
    "tone": " locker, freundlich",
    "allowed_topics": "alle",
    "response_length": "ausführlich"
}
```

Personas können dynamisch gewechselt werden:

```
def set_persona(persona_name):
    global active_persona
    if persona_name == "Support":
        active_persona = support_persona
    elif persona_name == "friendly":
        active_persona = friendly_persona
```

Dies beeinflusst Verhalten und Stil des Bots. Beispiel: „Hallo! Wie kann ich Ihnen heute bei Ihrem Problem helfen?“ vs. „Hey! 😊 Womit kann ich dir helfen?“

Für kontinuierliche Verbesserung sammeln Sie Feedback über Buttons (👍/👎), Bewertungen oder Kommentare. Protokollieren Sie Feedback mit Sitzungslinks:

```
def record_feedback(session_id, rating, comment=None):
    with open('feedback.csv', 'a') as f:
        f.write(f"{session_id},{rating},{comment}\n")
```

Nutzen Sie diese Daten, um Klassifikatoren zu optimieren, Antworten zu überarbeiten und Zufriedenheit über die Zeit zu verfolgen. Visualisieren Sie Metriken wie Zufriedenheitstrends oder Verbesserungen der Lösungsquote nach dem Deployment.

Implementieren Sie schließlich einen feedbackgetriebenen Entwicklungszyklus: Tests nach Updates erneut ausführen, Logs auf Probleme analysieren und Modelle anhand realer Nutzung verfeinern. Dieser iterative Prozess stellt sicher, dass Ihr Chatbot mit der Zeit präziser, nutzerfreundlicher und anpassungsfähiger wird (SmythOS, 2024; Botable Blog, 2025).

Professionelle Präsentation Ihres Projekts: Der Chatbot als Aushängeschild

Eine aussagekräftige Dokumentation kann Ihren Chatbot in ein einsatzbereites Portfolio-Projekt verwandeln. Beginnen Sie mit einer klaren und informativen `README.md` -Datei:

1.**Projektübersicht:** Beschreiben Sie, was Ihr Chatbot macht und welchen Zweck er erfüllt.

„Dieser KI-gestützte Kundensupport-Chatbot beantwortet häufig gestellte Fragen und leitet komplexe Anfragen an menschliche Mitarbeitende weiter – so verkürzt er die Reaktionszeit und erhöht die Zufriedenheit.“

2. Zentrale Funktionen: Listen Sie die Fähigkeiten klar und übersichtlich auf:

- Intent-Erkennung
- Unterstützung von mehrstufigen Dialogen
- Kontextbezogene Antworten
- API-Integration zur Eskalation

3. Installationsanleitung:

```
git clone https://github.com/yourusername/chatbot-wizard.git
cd chatbot-wizard
python3 -m venv env && source env/bin/activate
pip install -r requirements.txt
```

4. **Zentrale Funktionen:** Listen Sie die Fähigkeiten klar und übersichtlich auf:

- Fügen Sie Ihren OpenAI API-Schlüssel in .env ein
- Erforderliche Python-Version: 3.8+
- Kompatible Betriebssysteme: Linux, macOS, Windows

5. Nutzung:

```
python main.py
```

6. Technologiestack:

- Frameworks: FastAPI, Flask, React
- Datenbanken: PostgreSQL, SQLite
- Integrationen: OpenAI API, Slack, Twilio

7. Herausforderungen & Lösungen:

- „Mehrdeutige Anfragen durch Fallback-Intents abgefangen."
- „Latenz durch Eingabe-Vorverarbeitung und Cloud-Deployment reduziert."

8. Visuelle Demonstrationen:

- Fügen Sie ein Screencast (2–3 Minuten) hinzu
- Verwenden Sie animierte GIFs für Funktionen wie Sendungsverfolgung oder Fehlerbehandlung

9. Sicherheitsmaßnahmen:

- API-Tokens über Umgebungsvariablen
- Eingabevalidierung
- Protokollierung von Authentifizierungsfehlern

10. Weiterentwicklungsmöglichkeiten:

- Sentiment-Erkennung hinzufügen
- Mehrsprachige Unterstützung integrieren

11. **Repository-Struktur:** Repository-Struktur:

```
├── README.md
├── LICENSE
├── src/
│   ├── chatbot.py
```

```
│   ├── utils.py
├── tests/
│   └── test_chatbot.py
├── docs/
│   └── user_guide.md
├── deploy/
│   └── Dockerfile
```

Verwenden Sie klare Branches: `main` (stabil), `dev` (aktiv), `feature/*`. Nutzen Sie aussagekräftige Commits und verknüpfen Sie Issues sinnvoll.

Abschließend: Stellen Sie sicher, dass jede Funktion eine Docstring besitzt, Hauptdateien mit Headern versehen sind und eine Lizenz definiert ist. Dieses Maß an Professionalität signalisiert Produktionsreife und solide Entwicklungspraktiken (vgl. *How to Contribute to Open-Source Projects*, 2023; *Interactive Programs*, 2020).

Alles zusammenführen

Nachdem Sie nun die wesentlichen Prinzipien des Chatbot-Designs kennengelernt, eine sichere und effiziente Entwicklungsumgebung eingerichtet, detaillierte Codingschritte nachvollzogen sowie Test-, Erweiterungs- und Präsentationstechniken angewendet haben, sind Sie in der Lage, KI-Chatbots zu entwickeln, die sowohl funktionsfähig als auch skalierbar sind.
Auf dieser Grundlage können Sie benutzerorientierte Lösungen schaffen, die reale Herausforderungen bewältigen und dabei Zuverlässigkeit sowie Anpassungsfähigkeit gewährleisten.
Zukünftig können Sie diese Fähigkeiten nutzen, um noch anspruchsvollere Chatbots zu

entwickeln, fortgeschrittene Funktionen zu integrieren und Ihre Projekte kontinuierlich anhand von Nutzerfeedback und technologischen Weiterentwicklungen zu optimieren. So positionieren Sie sich selbstbewusst als kompetenter KI-Ingenieur oder Entwickler in diesem dynamischen Fachgebiet.

Kapitel 5
Tiefer eintauchen: Feinabstimmung von KI mit HuggingFace

KI-Modelle sind oft bereits auf umfangreichen Datensätzen vortrainiert, die für ein breites Spektrum an Aufgaben ausgelegt sind. Diese Basis-Modelle bieten zwar einen leistungsstarken Ausgangspunkt, stoßen jedoch an ihre Grenzen, wenn sie auf spezialisierte oder domänenspezifische Probleme angewendet werden. Generische KI kann subtile Nuancen in Fachjargon, branchenspezifischen Begriffen oder regulatorischer Sprache übersehen – was die Genauigkeit und den praktischen Nutzen in realen Anwendungen einschränkt. Diese Lücke stellt für Organisationen eine Herausforderung dar, die maßgeschneiderte Lösungen benötigen, die präzise auf ihre spezifischen Daten und Workflows reagieren.

In diesem Kapitel lernen Sie, wie Sie mithilfe der HuggingFace-Tools KI-Modelle feinabstimmen können, um solche Einschränkungen zu überwinden. Es beginnt mit den Grundlagen – der Auswahl geeigneter Datensätze, der Einrichtung von Bibliotheken und der Vorbereitung von Notebooks für eine effektive Entwicklungsumgebung. Anschließend geht es um praktische Trainingstechniken, darunter die Wahl vortrainierter Modelle, die Konfiguration von Hyperparametern sowie das Management von Tokenisierung und Datensatzaufteilungen. Darüber hinaus behandelt das Kapitel Methoden zur Bewertung und Optimierung Ihrer Modelle mithilfe von Metriken, Cross-Validation und Fehleranalyse.

Abschließend werden Best Practices für die Dokumentation und Weitergabe feinabgestimmter Modelle hervorgehoben, um Reproduzierbarkeit und Zusammenarbeit sicherzustellen. Zusammengenommen ergeben diese Schritte einen klaren, praxisorientierten Weg zur Entwicklung maßgeschneiderter KI-Lösungen, die eng an spezifische Geschäftsanforderungen und technische Rahmenbedingungen angepasst sind.

Warum Fine-Tuning? Zielgerichtete KI, die funktioniert

Die Einführung von Unternehmens-KI stößt häufig an die Grenzen von generischen, vortrainierten Sprachmodellen. Nehmen wir die Textklassifikation in medizinischen Akten oder Compliance-Dokumenten: Standardmodelle schneiden bei Sonderfällen oft schlecht ab, da ihnen das spezialisierte Vokabular, Abkürzungen oder regulatorische Nuancen fehlen. Generische Sprachmodelle interpretieren klinische Kurzformen oder spezifische Dokumentstrukturen meist falsch – was zu Fehlern oder unzuverlässigen Klassifikationen führt. Im Finanzsektor können Kundene-Mails mit institutspezifischen Formulierungen oder Verweisen auf Nischenprodukte außerhalb der üblichen Trainingsdaten liegen, was geringere Genauigkeit und aufwendige manuelle Prüfungen nach sich zieht. Branchenkennzahlen zeigen: Während ein unverändertes Foundation Model bei domänenspezifischen Texten vielleicht 80 % Genauigkeit erreicht, kann Fine-Tuning mit branchenspezifischen Daten die Leistung in schwierigen Randfällen auf über

93 % steigern – ein Zuwachs von fast 16 % – insbesondere in Bereichen, in denen Präzision entscheidend ist. (AI Fine Tuned Models Strategy, 2025).

Fine-Tuning behebt diese Probleme, indem die zugrunde liegenden Modellgewichte mit proprietären Datensätzen neu trainiert werden, die die sprachlichen Feinheiten, betrieblichen Abläufe und regulatorischen Rahmenbedingungen eines Unternehmens widerspiegeln.. So ermöglicht z. B. die Anpassung der Named-Entity-Recognition für einen Versicherer, dass das Modell unternehmensspezifische Policenkennungen, Schadensprozesse oder besondere Klauseln korrekt erkennt. In der maschinellen Übersetzung technischer Handbücher verringert die Integration von Fachglossaren und Formatierungskonventionen Fehlinterpretationen und reduziert teure Nachbearbeitung. Die **HuggingFace Transformers**-Bibliothek mit ihrer **Trainer API** und Datensatzintegration erlaubt es Entwicklern, Sonderfalldaten als überwachte Beispiele einzubinden und so das Modellverhalten bei zuvor problematischen Eingaben systematisch zu verbessern.

Ein weiterer entscheidender Vorteil betrifft Kontrolle und Eigentum an den Trainingsdaten. Durch die Nutzung proprietärer Informationsquellen – spezifische Geschäftsvokabulare, Kundenhistorien und vertrauliche Verfahrensunterlagen – erhalten Unternehmen die Möglichkeit, Modelloutputs und -verhalten direkt zu beeinflussen. Anders als bei geschlossenen API-gehosteten Modellen, die die Daten hinter den Vorhersagen verbergen, ermöglicht Fine-Tuning volle Transparenz und Nachvollziehbarkeit in jedem Schritt (Kerner, 2025). Diese Datenhoheit schafft zudem Vorteile in den Bereichen Compliance und Governance: Feinabgestimmte Modelle können validiert und auditiert werden, um interne Standards oder regulatorische Vorgaben wie **GDPR** oder **HIPAA** einzuhalten, da sowohl Datensatz als auch Trainingspipeline kontrolliert werden. Unternehmen stoßen regelmäßig auf branchenspezifische Sprache: etwa wenn eine Bank Begriffe wie „AML-Review“ oder „SOX-Attestation“ verwendet oder ein Händler SKUs und Logistikinstruktionen kodiert. **HuggingFace Datasets** und **Tokenizers** ermöglichen die gezielte Einbindung solcher Sprachmuster und passen Vokabular sowie Kontextfenster des Modells an die Geschäftspraxis an. Das Ergebnis: höhere Aufgaben-Genauigkeit und belastbare Vorhersagen für proprietäre Workflows.

Betrieblich liefern feinabgestimmte Modelle messbare Effizienzgewinne beim Deployment. Typische Fine-Tuning-Zyklen – von der Datenbereinigung bis zum finalen Modell-Package mit dem **HuggingFace Hub** – lassen sich in Wochen statt Monaten realisieren, wenn es um standardisierte Bereitstellungen geht (AI Fine Tuned Models Strategy, 2025). Der Aufwand für Nachbearbeitung sinkt drastisch, da die Ausgaben bereits an Stilrichtlinien, regulatorische Sprache oder Workflow-Formate angepasst sind. Beispielsweise können angepasste Sentiment-Analyse-Modelle Eskalationsfälle vorab mit konsistenter Terminologie kennzeichnen und damit nachgelagerte Mapping-Schritte überflüssig machen. Mit Unternehmensdaten verarbeitet, unterstützen diese Modelle autonome Entscheidungen, wie das automatische Triaging von Support-Tickets oder die Weiterleitung von Compliance-Warnungen – und lassen sich mit minimalem manuellem Aufwand skalieren. Ein multinationaler Kunde konnte seine SLA-Verletzungsrate um 35 % senken, als feinabgestimmte Modelle generische Sentiment-Tools in der Erstbearbeitung von Tickets ersetzten – was sowohl schnellere Time-to-Deployment als auch reduzierte manuelle Prüfungskosten widerspiegelt. Diese Effizienzgewinne werden durch die Möglichkeit verstärkt, Modelle schnell zu aktualisieren – Fine-Tuning unterstützt eine kontrollierte iterative Verbesserung, sobald neue Sprache oder Prozesse entstehen.

Die Summe dieser Vorteile ist eine nachhaltige Marktdifferenzierung und ein gesteigerter Return on Investment. Feinabgestimmte Modelle werden zu proprietären digitalen Assets: Ihre Fähigkeiten lassen sich nicht einfach kaufen oder kopieren, da sie auf den einzigartigen Daten und Prozessen des Unternehmens beruhen (AI Fine Tuned Models Strategy, 2025). In wettbewerbsintensiven B2B-Sektoren kann ein Logistikunternehmen, das ein Fine-Tuning-Vorhersagemodell auf Jahrzehnte proprietärer Versanddaten trainiert hat, präzisere, verlässlichere und differenziertere Liefer-ETAs anbieten als Wettbewerber mit Standard-Analytics. Vergleichsstudien zeigen, dass solche Modelle operative Verzögerungen um 12–20 % gegenüber Basisprognosen reduzieren können. In regulierten Umgebungen erleichtert der nachweisbare Kontrollgrad über KI-Outputs – erreicht durch Fine-Tuning und dokumentiert mit Tools wie den **HuggingFace Model Cards** – sowohl juristische Absicherung als auch externe Zertifizierung. Der Return on Investment zeigt sich sowohl in Prozessverbesserungen als auch im Umsatzwachstum: Unternehmen gewinnen neue Kunden, indem sie KI-Systeme vorweisen, die exakt auf branchenspezifische Anforderungen zugeschnitten sind, und Dashboards quantifizieren die Verbesserung anhand höherer Lösungsraten oder reduzierter Compliance-Ausnahmen (Kerner, 2025). Letztlich schafft der gezielte Einsatz feinabgestimmter Modelle die Basis für eine skalierbare Innovationsplattform – Unternehmen kodifizieren ihr wertvollstes Know-how in flexible, belastbare digitale Produkte.

Projektgrundlagen: Daten, Bibliotheken und Notebooks

Die Auswahl des richtigen Datensatzes ist der erste entscheidende Schritt bei der Vorbereitung für das Fine-Tuning eines Modells mit HuggingFace Transformers. Geeignete Datensätze sollten sowohl inhaltlich als auch strukturell eng an die Zielaufgabe angepasst sein. Bewerten Sie Datensätze, indem Sie auf klare Labels, konsistente Formatierung, Datenvielfalt und eine ausreichende Größe achten, um Overfitting oder Undertraining zu vermeiden. Für ein Projekt zur Sentiment-

Klassifikation sollten beispielsweise Datensätze verwendet werden, bei denen jeder Eintrag einen Text und ein Sentiment-Label enthält – strukturiert als JSON-Objekte, CSV-Zeilen oder Python-Dictionaries. HuggingFace-Datensätze wie GLUE oder IMDb Reviews folgen in der Regel diesem Muster und organisieren die Daten in Feldern wie „ `text` ", „ `label` " und manchmal Metadaten wie „id". Vermeiden Sie Datensätze mit inkonsistenter Beschriftung, zu vielen fehlenden Werten oder unzureichend gesampelten Daten, da diese Verzerrungen einführen oder die Modellleistung reduzieren können (Schmid, 2020). Überprüfen Sie immer eine Datenprobe, bevor Sie fortfahren:

```
from datasets import load_dataset

dataset = load_dataset("imdb")
print(dataset["train"][0])
```

Erwartete Ausgabe:

```
{'text': "I rented I AM CURIOUS-YELLOW from my video story...",
'label': 0}
```

Ein schneller Blick in die Daten verhindert böse Überraschungen im weiteren Verlauf der Pipeline und stellt sicher, dass der Datensatz zur geplanten Aufgabe passt.

Effizientes Arbeiten mit Jupyter Notebooks beschleunigt die Iteration und strukturiert Ihr Fine-Tuning-Projekt visuell. Erstellen Sie zunächst ein eigenes Verzeichnis für das Projekt, in dem Sie Checkpoints, Skripte und Ausgaben zusammenhalten. Erwägen Sie die Nutzung von Jupyter-Erweiterungen wie "Table of Contents" zur einfachen Navigation und "Variable Inspector" zur Überwachung von Speicherverbrauch und

Variablenzuständen. Passen Sie die Notebook-Einstellungen für höhere Produktivität an, z. B. durch Autovervollständigung, Theme-Anpassung oder Shortcuts für schnelle Zellausführung. Strukturieren Sie Ihre Notebooks in Abschnitte: *Setup, Datenexploration, Vorverarbeitung, Training, Ergebnisvisualisierung.* Jeder Abschnitt sollte prägnante Markdown-Überschriften und Codezellen enthalten, sodass der Workflow leicht wiederverwendet oder geteilt werden kann. Starten Sie die Runtime immer neu nach größeren Bibliotheks-Updates, um Konflikte bei Abhängigkeiten zu vermeiden (huggingface, 2020).

Die richtigen Bibliotheken zu importieren, ist Grundlage für erfolgreiches Fine-Tuning. Stellen Sie sicher, dass Ihre Kernpakete – `transformers`, `datasets`, und `torch` – in getesteten Versionen zu Ihren Beispielen passen. Versionierung ist entscheidend für Kompatibilität, daher installieren Sie mit expliziten Versionsnummern:

```
!pip install torch
!pip install "transformers==4.25.1" datasets --upgrade
```

Sobald installiert, importieren Sie die Kernbibliotheken und prüfen Sie die Versionen:

```
import torch
import transformers
import datasets

print(torch.__version__)
print(transformers.__version__)
print(datasets.__version__)
```

Beispielausgabe:

```
1.13.1
4.25.1
2.3.2
```

Initialisieren Sie die HuggingFace-Komponenten nach Bedarf, z. B. durch Laden eines vortrainierten Tokenizers und Modellgerüsts:

```
from transformers import AutoTokenizer,
AutoModelForSequenceClassification

tokenizer = AutoTokenizer.from_pretrained("bert-base-uncased")
model = AutoModelForSequenceClassification.from_pretrained("bert-base-
uncased", num_labels=2)
```

Das frühzeitige Verifizieren von Imports und Initialisierungen verhindert Unterbrechungen im späteren Training.

Die Datenvorverarbeitung wandelt Rohdaten in ein Format um, das für den Modelinput geeignet ist. Prüfen Sie zunächst auf Duplikate oder fehlende Werte. Bereinigen Sie Texte, indem Sie überflüssige Leerzeichen und unerwünschte Symbole entfernen:

```
def clean_text(text):
    return text.strip().replace('\n', ' ')

dataset = dataset.map(lambda x: {"text": clean_text(x["text"])})
```

Eine saubere Datenteilung stellt eine faire Bewertung des Modells sicher. Verwenden Sie die Split-Utilities von HuggingFace, um Trainings-, Validierungs- und Testmengen zu erstellen:

```
split_dataset = dataset["train"].train_test_split(test_size=0.2)
train_ds = split_dataset["train"]
val_ds = split_dataset["test"]

print(f"Train: {len(train_ds)} | Validation: {len(val_ds)}")
```

Beispielausgabe:

```
Train: 20000 | Validation: 5000
```

Die Tokenisierung bereitet Texte für den Input in Transformer-Netze vor, abgestimmt auf Ihr gewähltes Modell aus dem HuggingFace Hub. Nutzen Sie Batch-Tokenisierung und wenden Sie Trunkierung oder Padding an, um einheitliche Tensorformen sicherzustellen:

```
def tokenize_function(examples):
    return tokenizer(examples["text"], padding="max_length",
truncation=True, max_length=128)

tokenized_datasets = train_ds.map(tokenize_function, batched=True)
```

Eine kurze Prüfung der verarbeiteten Einträge bestätigt die erfolgreiche Vorbereitung:

```
print(tokenized_datasets[0].keys())  # Output: dict_keys(['text',
'label', 'input_ids', 'attention_mask'])
```

Diese Abfolge grundlegender Schritte schafft eine konsistente Umgebung, die einen reibungslosen Übergang in die Modellkonfiguration und das iterative Training ermöglicht. Sorgfalt in dieser Phase legt den Grundstein für effiziente, praxisorientierte Entwicklung und minimiert technische Unterbrechungen im weiteren Fine-Tuning-Prozess (Schmid, 2020; huggingface, 2020).

Schritt-für-Schritt-Fine-Tuning mit HuggingFace

Die Wahl des richtigen vortrainierten Modells ist die erste Entscheidung beim Start des Fine-Tunings. Für eine kundenorientierte Textklassifikationsaufgabe können Sie instruction-getunte Modelle wie meta-llama/Llama-3-8b-instruct für ein gutes Verhältnis aus Geschwindigkeit und Genauigkeit in Betracht ziehen – oder kleinere Modelle, wenn Ressourcen begrenzt sind (Rao, 2025). Beginnen Sie damit, das Basismodell zu definieren und Gewichte sowie Tokenizer zu laden:

```
from transformers import AutoModelForSequenceClassification,
AutoTokenizer

model_name = "distilbert-base-uncased"  # Swap for models like "meta-
llama/Llama-3-8b-instruct" as needed

tokenizer = AutoTokenizer.from_pretrained(model_name)
model = AutoModelForSequenceClassification.from_pretrained(model_name,
num_labels=2)
```

Erwartete Ausgabe:

```
Downloading: distilbert-base-uncased... Some weights of the model were not initialized.
```

Hier laden Sie sowohl die Architekturgewichte als auch den Tokenizer. Geben Sie num_labels passend zu Ihrem Klassifikationsproblem an. Passen Sie die Modellnamen an Aufgabe und Hardware an und orientieren Sie sich dabei bei Bedarf am Model Hub von Hugging Face (Resources for Using Hugging Face with Amazon SageMaker AI - Amazon SageMaker AI, 2025).

Das Setzen der Hyperparameter beeinflusst Konvergenz und Ressourcenverbrauch. Wichtige Parameter sind learning_rate, per_device_train_batch_size, num_train_epochs und weight_decay. Stimmen Sie die Lernrate sorgfältig ab – zu hoch destabilisiert das Training, zu niedrig verlangsamt das Lernen:

```
from transformers import TrainingArguments

training_args = TrainingArguments(
    output_dir='./results',
    evaluation_strategy="steps",
    save_steps=500,
    learning_rate=2e-5,
    per_device_train_batch_size=16,
    per_device_eval_batch_size=32,
    num_train_epochs=3,
    weight_decay=0.01,
    logging_dir='./logs',
```

```
    logging_steps=100
)
```

Schätzen Sie den GPU-Speicherbedarf, indem Sie die Batch-Größe mit der Modellgröße multiplizieren. Nutzen Sie Gradient Checkpointing, um bei größeren Modellen Speicher zu sparen (Rao, 2025).

Tokenisierung eines CSV-Datensatzes mit Support-Texten und Labels:

```
from datasets import load_dataset

raw_datasets = load_dataset('csv', data_files={'train': 'train.csv',
'test': 'test.csv'})

def preprocess_function(examples):
    return tokenizer(examples['text'], truncation=True,
padding='max_length', max_length=128)

tokenized_datasets = raw_datasets.map(preprocess_function,
batched=True)
```

Achten Sie auf Tokenisierungs-Mismatchs; stellen Sie sicher, dass max_length für Ihre Domäne sinnvoll ist. Die map-Funktion führt die Transformationen aus Effizienzgründen im Batch aus.

Trainer mit Early Stopping und Checkpointing einrichten:

```
from transformers import Trainer, EarlyStoppingCallback

trainer = Trainer(
```

```
    model=model,
    args=training_args,
    train_dataset=tokenized_datasets['train'],
    eval_dataset=tokenized_datasets['test'],
    callbacks=[EarlyStoppingCallback(early_stopping_patience=3)]
)
```

Setzen Sie das Training bei Bedarf aus Checkpoints fort und setzen Sie immer Zufallssaaten (random seeds) für Reproduzierbarkeit.

Für Echtzeit-Monitoring und reproduzierbare Logs integrieren Sie MLflow:

```
import mlflow
from transformers.integrations import MLflowCallback

mlflow.set_tracking_uri('file:./mlruns/')
mlflow.set_experiment('text-classification')
trainer.add_callback(MLflowCallback(mlflow))
```

Sobald das Training startet, zeigt MLflow Lernkurven und protokolliert Artefakte. Weights & Biases oder TensorBoard sind je nach Infrastruktur Alternativen.

Nach dem Training Modell und Tokenizer speichern:

```
trainer.save_model('./exported-model')
tokenizer.save_pretrained('./exported-model')
```

Exportieren Sie immer den Tokenizer; nicht passende Tokenizer sind eine häufige Ursache für Inferenzfehler. Zum Laden für die Inferenz:

```
from transformers import pipeline, AutoModelForSequenceClassification,
AutoTokenizer

inference_model =
AutoModelForSequenceClassification.from_pretrained('./exported-model')
inference_tokenizer = AutoTokenizer.from_pretrained('./exported-
model')

classifier = pipeline("text-classification", model=inference_model,
tokenizer=inference_tokenizer)
```

Beispielausgabe für eine Eingabe:

```
[{'label': 'LABEL_0', 'score': 0.987}]
```

Prüfen Sie die Kompatibilität zwischen Modell und Tokenizer, um stille Fehler zu vermeiden.

Das Speichern von TrainingArguments und Metadaten verbessert die Reproduzierbarkeit. Verwenden Sie Checkpoint-Verzeichnisse für Gewichte und Konfigurationen und integrieren Sie Cloud-Speicher oder SageMaker-Register für die Verteilung (Resources for Using Hugging Face with Amazon SageMaker AI - Amazon SageMaker AI, 2025).

Zum Schluss bewerten Sie die Leistung auf zurückgehaltenen Testmengen mit geeigneten Metriken und erwägen Cross-Validation, um Robustheit in produktiven Umgebungen sicherzustellen.

Validierung und Verbesserung Ihres Modells

Evaluationsmetriken für die Modellbewertung

Die Bewertung der Leistungsfähigkeit eines Modells beginnt mit den richtigen **Evaluationsmetriken**. In der Klassifikation sind **Accuracy**, **Precision**, **Recall** und der **F1-Score** grundlegend.

- **Accuracy** (Genauigkeit) ist der Anteil korrekter Vorhersagen an der Gesamtzahl der Vorhersagen. Sie ist leicht zu interpretieren, kann jedoch schlechte Leistungen bei unausgeglichenen Datensätzen verschleiern. Beispiel: Ein Spam-Filter – wenn nur 5 % aller E-Mails Spam sind, erreicht ein Modell, das alle E-Mails als „kein Spam“ klassifiziert, 95 % Accuracy, ist aber nutzlos.
- **Precision** misst, wie viele der als positiv erkannten Elemente tatsächlich relevant sind. In der medizinischen Diagnostik sorgt hohe Precision dafür, dass es nur wenige False Positives gibt.
- **Recall** gibt den Anteil korrekt erkannter positiver Beispiele an und ist in sicherheitskritischen Szenarien entscheidend – etwa wenn alle Patienten mit einer bestimmten Krankheit identifiziert werden müssen.
- Der **F1-Score** balanciert Precision und Recall aus und eignet sich, wenn eine einzelne Kennzahl benötigt wird, die extreme Werte in einer der beiden Metriken bestraft (Srivastava, 2019).

Mit den HuggingFace-Bibliotheken datasets und evaluate lassen sich diese Metriken unkompliziert berechnen.. Angenommen, Sie haben Modellvorhersagen preds und Ground-Truth-Labels labels:

```
from evaluate import load

accuracy = load("accuracy")
precision = load("precision")
recall = load("recall")
f1 = load("f1")

acc = accuracy.compute(predictions=preds, references=labels)
prec = precision.compute(predictions=preds, references=labels)
rec = recall.compute(predictions=preds, references=labels)
f1_score = f1.compute(predictions=preds, references=labels)
```

Wählen Sie Metriken, die zu Ihrem Kontext passen: Accuracy für balancierte Multiclass-Probleme, Precision in Bereichen, in denen False Positives besonders kritisch sind, Recall wenn kein positives Beispiel übersehen werden darf, und **F1** als Kompromissmaß.

Cross-Validation-Techniken

Zuverlässige Validierung geht über einfache Splits hinaus. Cross-Validation stellt sicher, dass ein trainiertes Modell auch auf unbekannten Daten generalisiert, indem Trainings- und Testpartitionen rotiert werden. Bei der k-fold-Cross-Validation wird der Datensatz in *k* gleich große Teilmengen aufgeteilt. Jede Teilmenge dient einmal als Validierungsmenge, während die übrigen für das Training genutzt werden. Dadurch wird jeder Datenpunkt exakt einmal validiert und der Optimierer über wiederholte Läufe mit dem gesamten Datensatz trainiert – Bias und Varianz werden im Vergleich zu einem einfachen Hold-out reduziert (GeeksforGeeks, 2017).

Beispiel: Bei einer 5-fach-Cross-Validation wird der Datensatz in fünf Teile geteilt. Das Modell trainiert jeweils auf vier Teilen und testet auf dem fünften – solange, bis alle Folds durchlaufen sind. Das Ergebnis ist der Durchschnitt der Metriken über alle Folds. Ein Zahlenbeispiel: Bei 1000 Instanzen und 5 Folds umfasst jeder Fold 200 Beispiele. Jedes Modell trainiert mit 800 und validiert mit 200 Instanzen – bis alle Folds durchlaufen sind.

Implementierung von k-fold-Cross-Validation mit HuggingFace-Datasets:

```
from datasets import load_dataset
import numpy as np

dataset = load_dataset('your_dataset')
n_folds = 5
indices = np.arange(len(dataset['train']))
fold_size = len(indices) // n_folds
folds = [indices[i*fold_size:(i+1)*fold_size] for i in range(n_folds)]
results = []

for fold in range(n_folds):
    val_idx = folds[fold]
    train_idx = np.hstack([folds[i] for i in range(n_folds) if i != fold])

    train_subset = dataset['train'].select(train_idx.tolist())
    val_subset = dataset['train'].select(val_idx.tolist())

    # Initialize model and training here ...
    # Evaluationsmetriken auf val_subset berechnen und zu results hinzufügen

# Durchschnittswerte über alle Folds berechnen
```

Interpretieren Sie Cross-Validation nicht nur anhand des Mittelwerts, sondern auch anhand der Stabilität (Standardabweichung) der Ergebnisse. So lassen sich Overfitting oder instabiles Lernen aufdecken (Srivastava, 2019; GeeksforGeeks, 2017).

Fehleranalyse-Methoden

Nach der Berechnung von Metriken liefert die Untersuchung des „Warum“ hinter Fehlklassifikationen wichtige Erkenntnisse. Beginnen Sie damit, falsch klassifizierte Beispiele zu identifizieren und zu sammeln – etwa indem Sie Fälle filtern, bei denen preds ≠ labels.

```
import pandas as pd

df = pd.DataFrame({'pred': preds, 'label': labels, 'input': input_texts})
errors = df[df['pred'] != df['label']]
```

Das Erkennen wiederkehrender Fehlermuster deckt systematische Schwächen auf – etwa bei bestimmten Klassen, Textlängen oder Themen. Für NLP lassen sich mit huggingface_hub-Visualisierungstools Muster darstellen (z. B. Confusion-Matrizen oder Heatmaps nach Label oder Eingabe). Maßnahmen wie Datenaugmentation, Rebalancing oder eine präzisere Vorverarbeitung können ganze Fehlerkategorien beheben.

Iterative Modellverbesserung

Die Verbesserung der Modellleistung ist ein kontinuierlicher, datengesteuerter Prozess. Beginnen Sie mit einer Baseline, dokumentieren Sie die aktuellen Leistungskennzahlen und Fehlermuster. Leiten Sie Verbesserungen aus den Fehlermustern ab – etwa durch Hyperparameter-Tuning, Feature Engineering oder gezielte Datenaufbereitung.

Richten Sie einen versionierten Workflow ein: Nach jeder Änderung (z. B. neue Loss-Parameter, neue Datenaugmentation) führen Sie Ihre Evaluationspipeline erneut aus und protokollieren die Ergebnisse. Für Hyperparameter-Tuning unterstützt HuggingFace die Integration von Optuna für automatisierte Sweeps:

```
from transformers import TrainingArguments, Trainer

training_args = TrainingArguments(...)
model = ... # Modell initialisieren
trainer = Trainer(model=model, args=training_args, train_dataset=...,
eval_dataset=...)

# Use Trainer.hyperparameter_search for tuning
```

Vergleichen Sie Ergebnisse vor und nach den Änderungen auf denselben Validierungssplits, um Fortschritte klar zu erkennen (GeeksforGeeks, 2017; Srivastava, 2019). Diese Dokumentation erleichtert außerdem das Teilen und die Zusammenarbeit, da für Dritte nachvollziehbar ist, wie Entscheidungen getroffen wurden und wie Verbesserungen entstanden sind.

Dokumentation und Teilen von Fine-Tuning-Ergebnissen

Ein gut dokumentiertes, leicht nachvollziehbares KI-Modell zeigt nicht nur die investierte Arbeit ins Fine-Tuning, sondern fördert auch eine verantwortungsbewusste Nutzung in der Community. Model Cards bilden das Rückgrat dieses Prozesses: Sie bieten detaillierte Einblicke in Architektur, Einsatzzweck, Leistung und mögliche Einschränkungen. Eine vollständige Hugging-Face-Model-Card sollte mit kompakten

Modelldetails beginnen: Geben Sie die Architektur an (z. B. „BERT base, uncased, 12-layer transformer"), das Veröffentlichungsdatum, die Version und den Lizenztyp. Verantwortliche Personen sowie Kontaktinformationen helfen anderen, bei Fragen oder Beiträgen die richtigen Ansprechpartner zu finden.

Leistungsmetriken sind zentral – geben Sie diese klar an und spezifizieren Sie den Kontext.
Beispiel: *„Dieses Modell erreichte einen F1-Score von 0,89 auf dem IMDB-Testset für Sentiment-Klassifikation unter Verwendung des bereitgestellten Evaluationsskripts."*

Beschreiben Sie die Quellen der Trainingsdaten so detailliert wie möglich, zum Beispiel: *„Trainiert auf 100.000 IMDb-Filmrezensionen, ausgewogen zwischen positivem und negativem Sentiment."*

Fügen Sie alle Vorverarbeitungsschritte hinzu, die Reproduzierbarkeit oder Fairness beeinflussen. Vergessen Sie nicht, bekannte Einschränkungen zu kennzeichnen: *„Accuracy sinkt um 8 % bei Rezensionen mit weniger als 20 Wörtern oder nicht-englischem Text."* Solche Offenheit hilft künftigen Anwendern, das Modell mit den richtigen Erwartungen einzusetzen.

Such candor helps future adopters use the model with the right expectations.

Nutzungsrichtlinien halten Anwender auf Kurs. Schreiben Sie klare Anweisungen: *„Zur Verwendung dieses Modells mit der Transformers-Bibliothek ausführen: model = AutoModelForSequenceClassification.from_pretrained('username/finetuned-bert-imdb')*

Bieten Sie Hinweise zum Geltungsbereich: *„Nicht zur Sentiment-Analyse von Produktbewertungen außerhalb des Filmbereichs gedacht.“*

Im Abschnitt zu ethischen Überlegungen sollten Risiken anerkannt werden, zum Beispiel: *„Potenzielle Verzerrung zugunsten populärer Filmgenres; zur Minderung wurden stratifiziertes Sampling und Subgruppen-Evaluation eingesetzt“ (Bhat et al., 2023).*

Eine starke Model Card ist organisiert, spezifisch und für ein breites technisches Publikum geschrieben. Verwenden Sie klare Sprache, Aufzählungspunkte und Code-Beispiele für bessere Verständlichkeit. Vergleichen Sie „Training Data: 80 % MovieLens, 20 % Rotten Tomatoes, gemischt und tokenisiert“ mit dem vagen „Trainiert auf verschiedenen Datensätzen.“

Wenn Sie Metriken präsentieren, erwähnen Sie, wie diese berechnet wurden: *„Precision gemäß IMDb-Richtlinien berechnet, vollständiges Skript unten beigefügt.“* Transparenz verhindert hier Verwirrung und schafft Vertrauen (Bhat et al., 2023).

Ein professionelles Code-Repository stützt das Modell mit allem, was erforderlich ist, damit andere die Arbeit reproduzieren, anpassen oder erweitern können. Beginnen Sie mit einer klaren Ordnerstruktur wie:

```
/model
    /src
        train.py
        eval.py
    /config
```

```
        config.yaml
    /data
        README.md
    /notebooks
        example_finetuning.ipynb
requirements.txt
README.md
LICENSE
```

Die `README.md` sollte das Modell zusammenfassen, Datensätze zitieren und Installation sowie Nutzung knapp erklären. Beispiel: „Klonen Sie dieses Repository, installieren Sie Abhängigkeiten aus requirements.txt und führen Sie `python src/train.py --config config/config.yaml` " Geben Sie exakte Paketversionen an, um Versionskonflikte zu vermeiden. Lizenzdateien klären Nutzungsrechte, während ein eigener Abschnitt oder eine Datei zum Datenschutz den respektvollen Umgang mit Benutzerdaten signalisiert: „Alle Trainingsdaten waren öffentlich verfügbar. Es wurden keine benutzeridentifizierbaren Daten gespeichert" (Bhat et al., 2023).

Bieten Sie Beispielausgaben an – *„Nach Setup wird eine Test-Accuracy von ca. 88 %* erwartet" – und weisen Sie auf mögliche Probleme mit Umgebung oder Hardware hin, z. B. benötigte GPU-Größe. Listen Sie optionale Skripte oder Jupyter-Notebooks für eine leichtere Exploration auf.

Leistungsvisualisierungen verwandeln technische Ergebnisse in verständliche Einsichten. Beginnen Sie mit Grundlagen wie Confusion-Matrizen für Klassifikationsaufgaben, erstellt mit Bibliotheken wie `scikit-learn.`

`plot_confusion_matrix`. ROC-Kurven sind unverzichtbar, um die Fähigkeit eines Modells zu zeigen, positive und negative Beispiele zu unterscheiden – markieren Sie Schwellenwerte mit Farbcodierung oder Annotationen für Klarheit.

Das Plotten von Trainings- und Validierungsverlusten über Epochen vermittelt ein klares Bild von Konvergenz und möglichem Overfitting. Ein einfaches matplotlib-Beispiel:

```
plt.plot(history['train_loss'], label='Train Loss')
plt.plot(history['val_loss'], label='Validation Loss')
plt.xlabel('Epoch')
plt.ylabel('Loss')
plt.legend()
plt.show()
```

Benchmark-Tabellen oder Balkendiagramme, die Ihr Modell mit Baselines vergleichen, stärken die Glaubwürdigkeit. Heben Sie Stärken mit Anmerkungen hervor, z. B.: *„Modell übertrifft Baseline um 3 F1-Punkte in der Minderheitsklasse.“* Verwenden Sie konsistente Farbpaletten und legen Sie Wert auf Lesbarkeit statt auf übermäßige Gestaltung.

KI-Communities helfen, die Reichweite Ihres Modells zu erhöhen. Hugging Face Hub, GitHub, Reddit r/MachineLearning und KI-orientierte Discord-Server ermöglichen Teilen, Feedback und Zusammenarbeit. Geben Sie in Ihren Beiträgen eine Zusammenfassung, Code-Links, eine Begründung und klare Anfragen an: *„Suche Feedback zur Generalisierbarkeit – verliert das Modell Leistung bei nicht-englischen*

Daten?“ Ermutigen Sie Vorschläge über Issue-Tracker oder spezielle Diskussions-Threads.

Reagieren Sie auf Rückmeldungen mit Dank und konkreten Folgemaßnahmen – *„Danke für den Bug-Report! Patch hinzugefügt, um Tokenizer-Mismatch zu beheben.“* Dokumentieren Sie wichtige, nutzergetriebene Änderungen in einer `CHANGELOG.md`. Aktualisieren Sie die Model Card regelmäßig mit neuen Metriken, gemeldeten Einschränkungen oder Korrekturen. Diese Schritte zeigen Engagement, schaffen Vertrauen und machen das Projekt zu einer lebendigen Ressource für die KI-Community (Bhat et al., 2023).

Alles zusammenführen

Nachdem wir nun den gesamten Prozess des Fine-Tunings von KI-Modellen mit HuggingFace-Tools durchlaufen haben – von der Datenaufbereitung und Einrichtung der Umgebungen bis hin zu Training, Validierung und Dokumentation kundenspezifischer Modelle – sind Sie in der Lage, gezielte Lösungen zu entwickeln, die realen Anforderungen gerecht werden. Diese Grundlage versetzt Sie in die Lage, KI-Systeme zu erstellen, die spezialisierte Sprache verarbeiten, die Genauigkeit bei kritischen Aufgaben verbessern und gleichzeitig die Kontrolle über Daten und Compliance gewährleisten. Mit diesen Fähigkeiten können Sie selbstbewusst den nächsten Schritt gehen: komplexere Modelle ausprobieren, Monitoring- und Deployment-Workflows integrieren und wertvolle, gut dokumentierte KI-Artefakte zu Ihren Projekten oder Teams beitragen. Die Umsetzung dieses praxisorientierten Ansatzes schafft ein solides Fundament für die Entwicklung effektiver, transparenter und skalierbarer KI-Anwendungen, die bereit sind, branchenspezifische Herausforderungen zu lösen.

Kapitel 6
Vom Notebook zur Web-App: KI-Bereitstellung mit FastAPI und Docker

„Das eigentliche Arbeiten beginnt erst mit der Bereitstellung eines Modells", sagte mir mein Mentor einmal, während wir auf Zeilen von Code in einem Jupyter-Notebook starrten. Zunächst verstand ich nicht, was er meinte. Das Modell lief doch perfekt in Isolation – warum spielte es eine Rolle, ob es nicht live und für Nutzer zugänglich war? Doch mit der Zeit lernte ich, dass die Umwandlung eines Prototyps in eine funktionierende Webanwendung das ist, was theoretische Projekte von Lösungen trennt, die echten Einfluss haben. Es ist der Schritt, der zeigt, dass man nicht nur einen Algorithmus entwickeln, sondern auch zuverlässige, skalierbare Systeme bauen kann, die reale Probleme unter unvorhersehbaren Bedingungen lösen.

Die Bereitstellung offenbart Herausforderungen, die in keinem Notebook sichtbar werden: Umgang mit unstrukturierten Eingaben, Skalierbarkeit, Performance-Monitoring sowie Sicherheit und Verfügbarkeit von Systemen. Für angehende KI-Ingenieure und Entwickler, die in dieses Feld wechseln, ist das Beherrschen der Bereitstellung entscheidend, da sie die Brücke zwischen Experimentieren und produktionsreifer Software schlägt.

Dieses Kapitel führt Sie durch diese kritische Reise – von der Einbettung Ihres KI-Modells in einen FastAPI-Service über die Containerisierung mit Docker und den Start auf Cloud-Plattformen bis hin zur professionellen Präsentation Ihres Projekts. Das Verständnis dieser Prozesse vermittelt Ihnen praxisnahe Fähigkeiten, die Arbeitgeber schätzen, und befähigt Sie, über isolierten Code hinaus einsatzbereite KI-Anwendungen zu liefern, die reale Nutzerbedürfnisse erfüllen und in dynamischen Umgebungen bestehen.

Warum Bereitstellung der entscheidende Faktor für KI-Karrieren ist

Wirklichen Mehrwert aus KI-Projekten zu schöpfen, erfordert mehr als das bloße Erstellen von Modellen in Isolation. Für KI-Ingenieure liegt der wahre Unterschied in der Fähigkeit, Prototypen in bereitgestellte Webanwendungen zu verwandeln, die zuverlässig für echte Nutzer arbeiten. Auf dem heutigen, KI-getriebenen Arbeitsmarkt machen bereitgestellte Anwendungen einen Kandidaten hochattraktiv. Recruiter und Branchenführer betonen immer wieder, dass bereitgestellte Projekte herausstechen, da sie weit mehr zeigen als nur die Fähigkeit, Modelle zu konstruieren – sie belegen die Ingenieursdisziplin, die notwendig ist, um echte Geschäftsprobleme zu lösen.

Ein prototypisches Sprachmodell, das nur in einem Jupyter-Notebook existiert, demonstriert technische Neugier. Doch wenn dasselbe Modell als produktionsreifes API mit FastAPI bereitgestellt oder über einen robusten Docker-Container ausgeliefert wird, wird es zu einem geschäftsrelevanten Asset. Viele Unternehmen erwarten inzwischen von Ingenieuren, Nachweise über Projektbereitstellungen vorlegen zu können; aktuelle Umfragen zeigen, dass fast 70 % der KI-Stellenausschreibungen Erfahrung mit der

Inbetriebnahme von ML-Lösungen oder dem Aufbau von APIs zur Modellbereitstellung verlangen (Salerno, 2024; *10 Software Engineering Skills Needed to Lead in the AI Economy* – Quantic Blog, 2025). Der Unterschied kann darüber entscheiden, ob man zu einem Vorstellungsgespräch eingeladen wird oder in der Masse von Notebook-Portfolios untergeht.

Sobald ein Modell bereitgestellt und außerhalb des Labors verfügbar ist, wird sein unmittelbarer Nutzen für Endanwender sichtbar. Eingesetzte KI-Systeme erfüllen reale Bedürfnisse – sie verbinden Kunden mit Produkten, personalisieren Empfehlungen, markieren schädliche Inhalte oder automatisieren Dokumenten-Workflows. Wenn Menschen mit diesen Anwendungen interagieren, lässt sich der Wert anhand von Kennzahlen wie Antwortzeit, Verfügbarkeit und Zufriedenheitswerten messen. Feedback-Schleifen sind entscheidend: Der Spam-Filter von Gmail, der durch Millionen von Nutzerinteraktionen verfeinert wurde, zeigt, wie reale Nutzung kontinuierliche Modellverbesserungen vorantreibt. Im Gegensatz dazu bleiben Projekte, die im Notebook verharren, unsichtbar – von Stakeholdern unbeachtet, in realer Nutzung ungetestet und unfähig, nachhaltigen Einfluss zu haben. Führende KI-Unternehmen wie OpenAI und Google betonen, dass die Iteration an realen Produkten mit echten Nutzern der Schlüssel für langfristigen Erfolg ist. Bereitstellung ist der einzige Weg, aus realer Performance zu lernen, Funktionalität zu verbessern und greifbare Fortschritte zu erzielen (Salerno, 2024).

Zuverlässigkeit ist der nächste entscheidende Faktor. In der Entwicklung sehen Modelle bereinigte, kontrollierte Daten. Doch reale Nutzung bringt unstrukturierte, unvorhersehbare Szenarien mit sich. Ein FastAPI-Backend muss mit Netzwerkproblemen, fehlerhaften Eingaben, Nutzungsspitzen und Datenmustern umgehen, die während des Trainings nicht vorkamen. Ein Betrugserkennungssystem etwa mag in Tests gut funktionieren, stößt im Produktivbetrieb aber auf sich wandelnde

Strategien, inkonsistente Formate und Transaktionsfluten. Der Übergang von Labordaten zu echtem Traffic entscheidet darüber, ob ein Modell seinen Platz in einem Tech-Stack behauptet. Ingenieure, die unerwartete Anfragen, Software-Updates, Systemausfälle und Model Drift meistern, beweisen, dass sie robuste Lösungen liefern können. Der Aufbau von Health Checks, Dashboards, Alerts und Fallback-Strategien ist heute ein Markenzeichen leistungsstarker Softwareteams (Salerno, 2024; *10 Software Engineering Skills Needed to Lead in the AI Economy* – Quantic Blog, 2025).

Die Geschwindigkeit der Innovation ist der Bereich, in dem Bereitstellung High Performer wirklich abhebt. Praktiken wie Containerisierung mit Docker und CI/CD-Pipelines (z. B. GitHub Actions, Jenkins) ermöglichen den schnellen Rollout neuer Features, Bugfixes und Modell-Updates. Der Zyklus – entwickeln, bereitstellen, beobachten, verbessern – verkürzt sich von Wochen auf Stunden. Ein Empfehlungssystem, das über FastAPI veröffentlicht wird, kann in Echtzeit anhand von Engagement-Metriken aktualisiert werden, was eine schnelle Anpassung an Nutzerbedürfnisse oder Trends ermöglicht. In wettbewerbsintensiven Märkten entscheidet die Fähigkeit zur schnellen Anpassung darüber, wer die Führung übernimmt. KI-native Deployment-Pipelines ermöglichen Teams, traditionelle Entwicklungszyklen zu übertreffen, indem sie kontinuierlich an Modellen und deren Integrationen iterieren (Quantic Blog, 2025).

Ingenieure, die Bereitstellung beherrschen, gewinnen eine Full-Stack-Perspektive: Sie schlagen die Brücke vom Konzept zum Produkt, gewährleisten Stabilität, passen sich Veränderungen an und liefern kontinuierliche Innovation. Diese Kompetenz unterscheidet leistungsstarke KI-Ingenieure und bildet die Grundlage für den Umgang mit skalierbaren, komplexen KI-Systemen. Bereitstellung ist nicht nur ein letzter Schritt – sie ist der Prüfstein angewandter Exzellenz (Salerno, 2024; Quantic Blog, 2025).

Aufbau einer produktionsreifen API: Coding-Tutorial mit FastAPI

Wenn man ein KI-Modell von einem Experiment in einem Jupyter-Notebook in einen produktionsreifen Service überführt, bietet FastAPI einen effizienten und robusten Weg. Die Grundlage beginnt mit der Definition von Endpunkten, die Ihr Modell als REST-API verfügbar machen. Starten Sie, indem Sie FastAPI importieren, eine App-Instanz erstellen und einfache GET- und POST-Pfade implementieren. Angenommen, Sie haben einen trainierten Spam-Klassifikator als Modell geladen. Die grundlegende App-Struktur könnte so aussehen:

```
from fastapi import FastAPI, HTTPException
from pydantic import BaseModel

app = FastAPI()

# Placeholder for your already-trained AI model
def predict_spam(text: str) -> bool:
    # Imagine this function runs your model
    return "spam" in text

class Message(BaseModel):
    text: str

@app.post("/predict")
def predict(message: Message):
    result = predict_spam(message.text)
    return {"spam": result}
```

In diesem Setup würde das Senden einer POST-Anfrage an to `/predict` mit JSON wie `{ "text": "Buy now" }` die Antwort `{ "spam": true }` zurückgeben. Diese Methode hält sich an REST-Konventionen, trennt Eingaben und Ergebnisse sauber und liefert im Erfolgsfall den Statuscode 200. Um die Zuverlässigkeit zu erhöhen, sollten Sie Fehlerbehandlung für fehlerhafte Daten oder Inferenz-Ausnahmen hinzufügen und dabei beschreibende Fehlermeldungen mit passenden Statuscodes zurückgeben.

Für robuste Eingabevalidierung spielen Pydantic-Schemas eine zentrale Rolle. Das Definieren von Eingabemodellen als Unterklassen von `BaseModel` stellt strikte Typ- und Strukturvalidierung sicher, wodurch viele häufige Fehler frühzeitig abgefangen werden. FastAPI erzwingt automatisch die Einhaltung von Constraints und erkennt optionale oder erforderliche Felder. Für ein Regressionsmodell mit mehreren Features könnte das Schema so wachsen:

```
class Features(BaseModel):
    age: int
    income: float
    occupation: str

@app.post("/predict-income")
def predict_income(features: Features):
    # replace with real model prediction
    prediction = 50000 + features.age * 100 - features.income * 0.05
    return {"predicted_income": prediction}
```

Fehlende Felder, falsche Datentypen oder ungültiges JSON führen zu einer HTTP-422-Antwort mit klaren Details. Benutzerdefinierte Validierungen lassen sich mit Pydantics validators für domänenspezifische Prüfungen implementieren. Das Validieren von

Nutzereingaben auf Schemaebene unterstützt die Datenintegrität, reduziert Inferenzfehler durch fehlerhafte Eingaben und vereinfacht die Fehlersuche auf Client-Seite (First Steps – FastAPI, n. d.).

KI-Deployments müssen hohes paralleles Traffic-Aufkommen bewältigen, wenn Modelle im produktiven Einsatz skaliert werden. FastAPI unterstützt asynchrone Endpunkte mit Pythons `async def`-Syntax, wodurch die App viele Anfragen gleichzeitig verarbeiten kann, ohne Threads zu blockieren – ein entscheidender Faktor für High-Throughput-Inferenz. Die Anpassung unseres früheren POST-Pfads für asynchrone Inferenz könnte so aussehen:

```
from fastapi import BackgroundTasks

@app.post("/predict-async")
async def predict_async(message: Message):
    # Assume async_model_predict is an async call to your AI model
    result = await async_model_predict(message.text)
    return {"spam": result}
```

Dieser asynchrone Ansatz ist unverzichtbar, wenn die Modellinferenz langsames I/O nutzt, langlaufende Berechnungen enthält oder mehrere externe Dienste orchestriert. Um maximale Effizienz zu gewährleisten, vermeiden Sie blockierende Operationen in async-Funktionen – nutzen Sie nur nicht-blockierende Bibliotheken für Datenbank- oder Netzwerkzugriffe in async-Routen. Synchrone Engpässe reduzieren die Performancevorteile von FastAPI. Prüfen Sie die Serving-Logik Ihres Modells auf echte Async-Kompatibilität und testen Sie unter realen Lastbedingungen (FastAPI, 2023).

FastAPI bietet automatisch interaktive API-Dokumentation, eng integriert mit der OpenAPI-Spezifikation. Sobald eine Route definiert ist, erscheint sie in der integrierten Swagger-UI unter `/docs` sowie in der alternativen ReDoc-Oberfläche unter /redoc. Jede Route wird mit HTTP-Methode, Parametern, Request- und Response-Bodies, Datentypen und Beispiel-Payloads dokumentiert. Dieses sofortige Feedback beschleunigt die Entwicklung und erleichtert Teams wie auch Kunden das Verständnis und Testen der Endpunkte – ganz ohne zusätzlichen Dokumentationsaufwand. Das Testen eines POST-Endpunkts für Modellinferenz kann direkt im Browser erfolgen, wodurch Integrationsfehler reduziert und die Zusammenarbeit zwischen Backend-, Frontend- und Produktteams vereinfacht wird (First Steps – FastAPI, n. d.; FastAPI, 2023).

Wenn Sie eine vollständige API für Ihre KI-Lösung entwickeln, sollten Sie eine Struktur mit klarer Trennung für Modell-Loading, Endpoint-Definitionen und wiederverwendbaren Utility-Code befolgen. Führen Sie versionierte API-Präfixe ein (`/v1/predict`, `/v2/predict`) um Modell-Upgrades zu ermöglichen, ohne bestehende Integrationen zu unterbrechen. Implementieren Sie umfassende Fehlerhandler für konsistente Antworten, loggen Sie Inferenzfehler und verfolgen Sie ungewöhnliche Eingaben zur Performance-Überwachung und zum Erkennen von Data Drift.

Diese Best Practices stellen sicher, dass Ihre FastAPI-Anwendung stabile und skalierbare Modell-Inferenz-Endpunkte bereitstellt. Dieser RESTful-Service kann anschließend containerisiert werden, um eine resiliente und reproduzierbare Bereitstellung zu ermöglichen – der nächste Schritt, um leistungsstarke KI-Modelle im großen Maßstab mit Vertrauen einzusetzen (FastAPI, 2023).

Dockerisierung Ihrer KI-App: Schritt-für-Schritt-Anleitung zur Containerisierung

Hands-On-Dockerisierung für KI-API-Anwendungen

Die Containerisierung einer auf FastAPI basierenden KI-Anwendung beginnt mit einem sorgfältig erstellten Dockerfile. Das Verwenden eines schlanken offiziellen Python-Images bietet eine sichere und leichte Basis. Multi-Stage-Builds helfen dabei, das resultierende Image minimal und effizient zu halten, insbesondere beim Umgang mit großen KI-Frameworks und Abhängigkeiten. Hier ein typisches Dockerfile für einen FastAPI-KI-Service, einschließlich Modell-Loading und Inferenz:

```
# Stage 1: Build
FROM python:3.11-slim as builder
WORKDIR /app

# Install build dependencies
RUN apt-get update && apt-get install -y --no-install-recommends gcc

# Install Python dependencies
COPY requirements.txt .
RUN pip install --user --upgrade pip && \
    pip install --user -r requirements.txt

# Stage 2: Runtime
FROM python:3.11-slim
WORKDIR /app

# Copy dependencies from the builder
COPY --from=builder /root/.local /root/.local
```

```
# Copy application files
COPY . .

# Set environment variables
ENV MODEL_PATH=/models/model.pt
ENV PYTHONPATH=/app

# Add model volume mount point
VOLUME ["/models"]

# Expose FastAPI port
EXPOSE 8000

# Launch the app using Uvicorn
CMD ["sh", "-c", "PATH=$PATH:/root/.local/bin exec uvicorn main:app --host 0.0.0.0 --port 8000"]
```

Wichtige Hinweise:

- Die Builder-Stage installiert Abhängigkeiten und hält das Runtime-Image schlank.
- `requirements.txt` muss FastAPI, Uvicorn und KI-Bibliotheken wie PyTorch oder `TensorFlow` enthalten.
- `VOLUME ["/models"]`erlaubt Modell-Updates, ohne das Image neu bauen zu müssen.

Um Ihr Docker-Image zu bauen:

```
docker build -t fastapi-ai-app:latest .
```

Eine erfolgreiche Ausgabe sollte Zeilen enthalten wie:

```
Successfully built 12345abcdef
Successfully tagged fastapi-ai-app:latest
```

Falls Fehler auftreten (z. B. fehlende Abhängigkeiten), prüfen Sie Ihre requirements.txt:

```
ERROR: Could not find a version that satisfies the requirement
xyz==x.y.z
```

Ausführen und Testen des FastAPI-Containers

Zum Starten Ihres Containers und Mounten der Modelldatei:

```
docker run -p 8000:8000 -v $(pwd)/models:/models -e
MODEL_PATH=/models/model.pt fastapi-ai-app:latest
```

- `-p 8000:8000` macht den Container-Port verfügbar.
- `- v $(pwd)/models:/models mountet Ihren lokalen models/-Ordner.`
- `-e MODEL_PATH=... ermöglicht flexible Runtime-Konfiguration.`

Fehlende Modelle lösen Fehler aus wie:

```
FileNotFoundError: [Errno 2] No such file or directory:
'/models/model.pt'
```

Stellen Sie sicher, dass Ihre Datei im richtigen Pfad vorhanden ist.

Container Networking für Model Serving

Um Kommunikation zwischen Services zu ermöglichen:

```
docker network create ai-app-network

docker run --network ai-app-network -p 8000:8000 -v
$(pwd)/models:/models fastapi-ai-app:latest
```

Verwenden Sie benannte Netzwerke, um Ihre API mit Datenbanken, Monitoring-Tools oder anderen Containern zu verbinden.

Docker Compose für Multi-Service-Management

Ein Beispiel- `docker-compose.yml` für eine FastAPI-App mit Redis:

```yaml
version: '3.8'
services:
  api:
    image: fastapi-ai-app:latest
    build: .
    ports:
      - "8000:8000"
    environment:
      - MODEL_PATH=/models/model.pt
    volumes:
      - ./models:/models
    networks:
      - ai-app-network

  redis:
    image: redis:7-alpine
```

```
    networks:
      - ai-app-network

networks:
  ai-app-network:
    driver: bridge
```

Alle Services starten Sie mit:

```
docker compose up --build
```

Falls sich Services nicht gegenseitig finden, prüfen Sie, ob sie dasselbe Netzwerk teilen.

Best Practices für KI-Container

- Verwenden Sie schlanke Basis-Images oder GPU-optimierte (z. B. CUDA-enabled).
- Halten Sie Credentials aus den Image-Layern heraus – nutzen Sie Environment-Variablen.
- Nutzen Sie Multi-Stage-Builds für saubere Images.
- Mounten Sie große Modelle über Volumes.
- Beschränken Sie Netzwerkzugriff und offene Ports.

Mit Ihrer containerisierten FastAPI-KI-App sind Sie bereit für den nächsten Schritt: **Deployment in der Cloud und Skalierung des Zugriffs auf modellbasierte Services** (GeeksforGeeks, 2019; Baker, 2023)

Deployment in der Cloud: Lokales Testen und öffentlicher Start

Bevor Sie Ihre auf FastAPI basierende KI-Anwendung veröffentlichen, ist gründliches lokales Testen entscheidend, um Zuverlässigkeit und Fehlertoleranz sicherzustellen. Beginnen Sie damit, zu überprüfen, ob sich Ihre dockerisierte FastAPI-App wie erwartet verhält – sowohl mit Unit-Tests als auch mit Integrationstests. Verwenden Sie beispielsweise `pytest`, und erstellen Sie eine Testdatei wie `test_main.py`:

```
import requests


def test_predict():
    url = "http://localhost:8000/predict"
    sample_input = {"text": "hello world"}
    response = requests.post(url, json=sample_input)
    assert response.status_code == 200
    assert "prediction" in response.json()
```

Zum lokalen Testen der App:

```
docker build -t myfastapiapp .
docker run -p 8000:8000 myfastapiapp
```

Wenn der Container erfolgreich startet, sehen Sie Logs wie:

```
INFO:     Started server process [1]
INFO:     Application startup complete.
INFO:     Uvicorn running on http://0.0.0.0:8000
```

Konfigurieren Sie Python-Logging zur Unterstützung beim Debugging:

```
import logging

logging.basicConfig(
    level=logging.INFO,
    format='%(asctime)s %(levelname)s %(message)s',
    handlers=[
        logging.StreamHandler()
    ]
)

logger = logging.getLogger(__name__)
logger.info("Starting FastAPI application")
```

Verwenden Sie konsistente Log-Formate und Level über Entwicklungs- und Produktionsumgebungen hinweg.

Lasttests mit Locust

Um Performance und Skalierbarkeit zu bewerten, installieren Sie Locust und definieren Sie einen einfachen Lasttest:

```
from locust import HttpUser, task

class FastApiUser(HttpUser):
    @task
    def predict(self):
        self.client.post("/predict", json={"text": "load test"})
```

Führen Sie den Test mit folgendem Befehl aus:

```
locust -f locustfile.py --host=http://localhost:8000
```

Überwachen Sie Antwortzeiten und Fehler in der Locust-Weboberfläche. Testen Sie verschiedene Eingabevarianten und Edge Cases, um Performance-Engpässe zu erkennen. Verwenden Sie try-except-Blöcke, um Inferenzfehler abzufangen, ohne interne Details preiszugeben:

```
from fastapi import HTTPException

@app.post("/predict")
async def predict_endpoint(data: InputDataModel):
    try:
        prediction = model.predict(data.text)
        return {"prediction": prediction}
    except Exception as e:
        logger.error(f"Prediction error: {e}")
        raise HTTPException(status_code=500, detail="Prediction
failed.")
```

Push in die Cloud

Sobald die Tests abgeschlossen sind, pushen Sie Ihr Docker-Image in ein Registry wie Docker Hub oder Amazon ECR:

```
docker tag myfastapiapp mydockerusername/myfastapiapp:latest
docker push mydockerusername/myfastapiapp:latest
```

Für AWS Elastic Beanstalk erstellen Sie eine Dockerrun.aws.json:

```
{
  "AWSEBDockerrunVersion": 2,
  "containerDefinitions": [
    {
      "name": "fastapi_app",
      "image": "mydockerusername/myfastapiapp:latest",
      "essential": true,
      "portMappings": [{
        "containerPort": 8000,
        "hostPort": 8000
      }],
      "environment": [
        {"name": "API_KEY", "value": "secure-api-key-value"}
      ]
    }
  ]
}
```

Dann führen Sie aus:

```
eb init -p docker fastapi-app
eb create fastapi-app-env
eb open fastapi-app-env
```

Deployment auf Heroku

```
heroku container:login
heroku create fastapi-heroku-app
heroku container:push web -a fastapi-heroku-app
heroku container:release web -a fastapi-heroku-app
heroku config:set API_KEY=secure-api-key-value
```

Health Checks

Nutzen Sie einen leichten Endpoint für Readiness-Probes:

```
@app.get("/health")
def health():
    return {"status": "ok"}
```

Prüfen Sie den Deployment-Status mit:

```
curl https://fastapi-heroku-app.herokuapp.com/health
```

Eine erfolgreiche Antwort lautet:

```
{"status": "ok"}
```

Sicherheitsaspekte

Vermeiden Sie Hardcoding von Secrets. Nutzen Sie stattdessen Environment-Variablen und sichere Secret-Manager. Halten Sie .env aus der Versionskontrolle heraus:

```
API_KEY=secure-api-key
```

```python
import os
api_key = os.getenv("API_KEY")
```

API-Key-Authentifizierung

```python
from fastapi import Depends, Header, HTTPException

def verify_api_key(x_api_key: str = Header(...)):
    if x_api_key != os.environ["API_KEY"]:
        raise HTTPException(status_code=401, detail="Unauthorized")

@app.post("/predict")
async def predict(data: InputDataModel, api_key: str =
Depends(verify_api_key)):
    # ...
```

Fügen Sie Rate Limiting mit Middleware wie slowapi hinzu und beschränken Sie die Sichtbarkeit von Endpunkten. Rotieren Sie Schlüssel regelmäßig und prüfen Sie Logs auf verdächtiges Verhalten.

Erzwingen Sie Least-Privilege-Zugriff über IAM-Einstellungen. Verwenden Sie API-Quotas und Alerts, um Überlastung oder Leaks zu verhindern.

Mit Docker, FastAPI und sicheren Deployment-Praktiken ist Ihre KI-App bereit, sicher vom lokalen Development auf globale Nutzer zu skalieren.

Präsentation und Weitergabe Ihres bereitgestellten Projekts

Das effektive Präsentieren Ihrer bereitgestellten KI-Anwendung ist entscheidend, um ihren Wert zu demonstrieren, Unterstützung von Stakeholdern zu gewinnen und wertvolles Feedback zu sammeln. Die Kombination aus Live-Demos, Video-Walkthroughs, klarer Dokumentation und integrierten Feedback-Systemen schafft eine abgerundete Präsentationsstrategie, die Akzeptanz fördert und iterative Verbesserungen antreibt.

Live Demos

Eine gut umgesetzte Live-Demo verbindet Sie direkt mit Ihrem Publikum und zeigt Kernfunktionen und Anwendungsfälle in Echtzeit. Beginnen Sie mit einem detaillierten Skript, das die wichtigsten Benutzeraufgaben skizziert und Momente hervorhebt, in denen das KI-System besonders überzeugt. Integrieren Sie realistische Use Cases, erwartete Ausgaben, Edge Cases und eine elegante Fehlerbehandlung.

Um die Zuverlässigkeit sicherzustellen:

- Führen Sie Backup-Instanzen auf sekundären Servern aus.
- Halten Sie Offline-Versionen von Modellen und Daten bereit.
- Richten Sie Fallback-Routen im Frontend ein.

Verbessern Sie die Erfahrung durch:

- UI-Fokus-Hervorhebungen (z. B. per CSS-Overlays).

- Automatisierungstools wie Selenium oder Playwright zur Simulation von Schritten.
- Ausführliches Logging, um Entscheidungsprozesse des Modells sichtbar zu machen.

Minimieren Sie die Latenz, indem Sie Daten vorladen und Screen Mirroring oder große Displays für Gruppensettings nutzen. Vermeiden Sie es, instabile oder unveröffentlichte Features zu zeigen. Bewerten Sie den Erfolg der Demo anhand von Nutzerinteraktion, Skriptdurchlaufquoten und Feedback-Umfragen.

Video-Walkthroughs

Video-Walkthroughs ermöglichen asynchrones Teilen Ihres Projekts mit Gutachtern, Recruitern oder Kollaboratoren. Nehmen Sie in 1080p oder höher auf, mit Tools wie OBS Studio oder Camtasia. Achten Sie darauf, dass Text, UI-Komponenten und Modellausgaben klar sichtbar und gut lesbar sind.

Tipps für professionelle Ergebnisse:

- Verwenden Sie ein unidirektionales Kondensatormikrofon mit 48 kHz.
- Schreiben Sie ein prägnantes, abgestimmtes Voiceover-Skript.
- Schneiden Sie Verzögerungen und Ablenkungen heraus.
- Fügen Sie Callouts, Vorspulungen und Kapitel für bessere Übersicht hinzu.

Nutzen Sie Plattformen wie YouTube, um Ihr Video zu hosten, und überwachen Sie Retention, Engagement und Link-Klicks. Proben Sie den kompletten Walkthrough, um Unterbrechungen zu vermeiden.

Dokumentation

Gründliche Dokumentation ist essenziell für Benutzerfreundlichkeit und Glaubwürdigkeit. Ihre README.md sollte enthalten:

- Eine Projektzusammenfassung.
- Setup-Anleitungen (mit exakten Befehlen).
- Anwendungsbeispiele.
- Troubleshooting und FAQs.

Für Produktionssysteme ergänzen Sie:

- Architekturdiagramme.
- Backup- und Failover-Strategien.
- Sicherheitspraktiken.
- Links zu Model Cards und Audit Logs.

Beispiel-API-Aufruf:

```
POST /api/predict
{
  "input": "Sample prompt for inference"
}
```

Halten Sie Abhängigkeiten aktuell und dokumentieren Sie alle Änderungen. Messen Sie die Wirksamkeit anhand reduzierter Support-Tickets und erfolgreicher Nutzer-Onboardings.

Feedback-Systeme

Integrieren Sie Feedback-Kanäle direkt in Ihre Anwendung. Nutzen Sie Tools wie Formik (für React) oder binden Sie Drittplattformen wie Hotjar, Qualtrics oder Discord ein. Kategorisieren und taggen Sie eingehendes Feedback per API für das Triage-Verfahren und leiten Sie die Erkenntnisse an Projektmanagement-Plattformen wie Jira oder Planview weiter.

Bauen Sie eine Feedback-Schleife auf:

- Regelmäßige Durchsicht der Eingaben in Team-Meetings.
- Dokumentieren Sie Verbesserungen in versionierten Release Notes.
- Verfolgen Sie Feedback-Reaktionszeiten und Implementierungsraten.

Vermeiden Sie es, Nutzerfeedback zu ignorieren oder unbearbeitet zu lassen. Nutzen Sie Dashboards, um Trends zu überwachen und sicherzustellen, dass sich Nutzer ernst genommen fühlen.

Durch die Anwendung dieser Best Practices steigern Sie die Qualität und Professionalität der Präsentation Ihrer KI-Anwendung – Sie zeigen technische Reife, verbessern die Nutzererfahrung und stärken Ihre Präsenz im größeren KI-Ökosystem.

Kapitel 7

Smart Monitoring: Tracking, Logging und Optimierung mit MLflow

Stellen Sie sich vor, Sie setzen ein KI-Modell ein, das im Labor hervorragende Ergebnisse liefert – nur um festzustellen, dass seine Performance in der Praxis nachlässt. Die Genauigkeit sinkt, Vorhersagen werden unberechenbar, und niemand weiß warum. Genau hier wird Monitoring geschäftskritisch. Hinter jedem erfolgreichen KI-System steht eine Schicht kontinuierlicher Beobachtung – Probleme frühzeitig erkennen, Trends identifizieren und iterative Verbesserungen steuern. Ohne Monitoring verwandeln sich Modelle in Black Boxes, die stillschweigend versagen und das Vertrauen der Nutzer untergraben.

Dieses Kapitel führt Monitoring als essenziellen Bestandteil des KI-Lebenszyklus ein und stellt **MLflow** als praktisches Tool für Tracking, Logging und Visualisierung vor. Sie lernen, wie Sie MLflow in Ihre Workflows integrieren, zentrale Parameter und Metriken erfassen und Ergebnisse für Einsicht und Verbesserung analysieren. Zudem zeigen wir, wie Monitoring-Erkenntnisse in bessere Modelle und robuste Pipelines übersetzt werden können, die kontinuierliche Entwicklung und operativen Erfolg unterstützen.

Warum Monitoring wichtig ist: Vertrauen schaffen und Fortschritt fördern

Professionelle KI-Systeme zeichnen sich durch robustes Monitoring aus. Dabei geht es nicht nur um Fehlererkennung, sondern um Verantwortlichkeit, Einblicke und Vertrauen. Monitoring unterstützt vier zentrale Ziele:

- **Frühzeitige Fehlererkennung**
- **Operative Transparenz**
- **Datengetriebene Verbesserung**
- **Vertrauen von Stakeholdern**

Frühzeitige Fehlererkennung

KI-Systeme agieren in komplexen, unvorhersehbaren Umgebungen. Kleine Probleme können sich schnell ausweiten – es sei denn, sie werden rechtzeitig erkannt. Monitoring-Frameworks fungieren hier als Frühwarnsystem.

Beispiel Fertigung: Telemetriesensoren an Industrierobotern können Abweichungen in Schwingungsmustern erfassen und so potenzielle mechanische Defekte melden, bevor Ausfälle entstehen (Anglen, 2024). Kritische Metriken, die verfolgt werden sollten, sind:

- Inferenzlatenz
- Speicherlastspitzen
- Vorhersageanomalien
- Hardware-Temperaturgrenzen

Eine Logistikplattform, die KI zur Vorhersage von Geräteausfällen einsetzt, kann Fehlerraten und Sensordaten überwachen. Werden Schwellenwerte überschritten, lösen automatisierte Alerts via Slack oder E-Mail Echtzeit-Reaktionen aus – z. B. Deployment-Pausen oder Umschalten auf Backups. Diese proaktiven Maßnahmen reduzieren Ausfallzeiten, senken Kosten und sichern den Geschäftsbetrieb (Anglen, 2024).

Operative Transparenz

Vorschriften und interne Governance verlangen, dass KI-Entscheidungen nachvollziehbar und überprüfbar sind. Das bedeutet, detaillierte Logs zu führen:

- Zeitstempel der Modellausführung
- Snapshots von Input-/Output-Daten
- Modellversions-IDs
- Parameteränderungen und manuelle Overrides

Zentralisierte Logs beschleunigen das Troubleshooting. Beispiel Finanzwesen: Markiert ein Modell eine Transaktion fälschlicherweise, können Teams mit nachvollziehbaren Logs sofort Eingaben, die verwendete Modellversion und den Kontext der Umgebung prüfen – was Diagnose und Lösung deutlich beschleunigt (Adelakun, 2022).

Dieses Maß an Auditierbarkeit stärkt die Zuverlässigkeit, insbesondere in hochregulierten Bereichen wie Finanzen oder Gesundheitswesen. Lückenlose Dokumentation jedes Schrittes stellt sicher, dass Ihr System vertrauenswürdig und überprüfbar bleibt.

Datengetriebene Verbesserung

Echtzeit-Performance-Metriken helfen Teams zu erkennen, wo Modelle Schwächen haben – und wo sie besonders stark sind. Zu verfolgen sind u. a.:

- Precision, Recall und F1-Score
- Drift-Statistiken
- Trends der Inferenzlatenz

Beispiel: Zeigt ein Betrugserkennungsmodell während hoher Transaktionsvolumina vermehrte False Positives, müssen Features neu gestaltet oder das Modell mit aktuellen Daten neu trainiert werden (Adelakun, 2022).

Monitoring deckt versteckte Ineffizienzen auf. Muster in Log-Fehlern können auf falsch gelabelte Trainingsdaten oder mangelnde Generalisierung hinweisen. Mit historischen Logs können Teams Experimente vergleichen, fehlerhafte Deployments zurückrollen oder sogar Tuning-Jobs automatisieren, basierend auf früheren Ergebnissen (Anglen, 2024).

Use Cases für Monitoring sind etwa:

- Feature-Importance nach Deployment
- Verhalten unter neuen Datenströmen
- Metriken aus Nutzerfeedback

Dieser systematische Ansatz treibt objektive, messbare Verbesserungen entlang der gesamten KI-Pipeline voran.

Vertrauen von Stakeholdern

Monitoring schafft Vertrauen – nicht nur bei Ingenieuren, sondern auch bei Business- und Management-Teams. Dashboards, Compliance-Logs und Alert-Zusammenfassungen helfen Führungskräften, die Modellperformance zu bewerten, ohne tief in technische Details einzusteigen.

Wichtige High-Level-Metriken:

- Uptime
- Genauigkeitstrends
- Datendurchsatz
- Incident- und Exception-Raten

Individuelle Alerts bei Grenzwertüberschreitungen halten die Leitungsebene informiert und eingebunden. Konsistentes Reporting stärkt Glaubwürdigkeit und zeigt, dass Ihr Team proaktiv statt reaktiv handelt. Transparente Diskussionen über entdeckte Probleme und deren Lösungen verringern zudem Widerstände gegen den Einsatz von KI (Adelakun, 2022).

Mit zunehmender Regulierung wird der Nachweis verantwortungsvoller KI-Nutzung unverzichtbar. Monitoring ist nicht nur Compliance – es ist ein Zeichen von Professionalität.

Robuste Monitoring-Infrastrukturen markieren den Unterschied zwischen experimenteller KI und produktionsreifen Systemen. Sie ermöglichen:

- Frühzeitige Fehlererkennung
- Vollständige System-Auditierbarkeit
- Kontinuierliche, messbare Verbesserung
- Vertrauen auf allen Ebenen

Im nächsten Abschnitt befassen wir uns mit den Tracking-Funktionen von **MLflow** und zeigen, wie sich diese Monitoring-Strategie über Workflows hinweg skalieren lässt – und Beobachtbarkeit in einen strategischen Vorteil verwandelt.

Erste Schritte: Einrichtung von MLflow für Ihr Projekt

MLflow ist kompatibel mit Python 3.7 und höher und integriert sich gut mit Bibliotheken wie scikit-learn, XGBoost, TensorFlow und PyTorch. Beginnen Sie mit der Erstellung und Aktivierung einer virtuellen Umgebung, um Abhängigkeiten zu isolieren:

```
python -m venv .venv
source .venv/bin/activate  # On Windows use .venv\Scripts\activate
```

Installieren Sie MLflow mit pip:

```
pip install mlflow
```

Wenn Sie scikit-learn verwenden, fügen Sie hinzu:

```
pip install scikit-learn
```

Falls die Installation wegen Wheel-Build-Fehlern fehlschlägt, aktualisieren Sie pip oder installieren Sie Build-Tools (z. B. gcc unter Linux oder Visual Studio Build Tools unter Windows).

Als Nächstes organisieren Sie Ihr Projekt, indem Sie ein Verzeichnis hinzufügen, um MLflow-Run-Metadaten und Artefakte zu speichern:

```
mkdir mlflow_runs
```

Verwenden Sie folgende Projektstruktur, um alles übersichtlich zu halten:

```
project_root/
├── src/
│   └── <your_code>.py
├── mlflow_runs/
└── requirements.txt
```

Starten Sie das MLflow-UI mit:

```
mlflow ui --backend-store-uri ./mlflow_runs
```

Rufen Sie in Ihrem Browser `http://localhost:5000` auf, um Experimente und Artefakte zu erkunden. Falls der Standardport belegt ist, geben Sie mit `--port 5001`. einen anderen an.

Zentrale Konzepte verstehen

- **Experiments**: Gruppieren zusammengehöriger Runs.
- **Runs**: Speichern Metadaten einzelner Trainings-/Evaluationssitzungen.

- **Parameters**: Geloggte Eingabewerte.
- **Metrics**: Validierungsergebnisse.
- **Artifacts**: Dateien wie Modelle und Plots.

Jeder Run erlaubt das Loggen von Parametern, Metriken und Artefakten, was einfache Vergleiche zwischen Iterationen ermöglicht.

Beispiel: Iris-Klassifikator mit scikit-learn

```
import mlflow
import mlflow.sklearn
from sklearn.datasets import load_iris
from sklearn.model_selection import train_test_split
from sklearn.linear_model import LogisticRegression
from sklearn.metrics import accuracy_score

mlflow.set_experiment("Iris_Classifier")

data = load_iris()
X_train, X_test, y_train, y_test = train_test_split(data.data,
data.target, test_size=0.2)

with mlflow.start_run():
    learning_rate = 0.01
    mlflow.log_param("learning_rate", learning_rate)
    clf = LogisticRegression(C=1/learning_rate, max_iter=200)
    clf.fit(X_train, y_train)
    predictions = clf.predict(X_test)
    acc = accuracy_score(y_test, predictions)
```

```
    mlflow.log_metric("accuracy", acc)
    mlflow.sklearn.log_model(clf, "model")
    print(f"Logged run with accuracy: {acc:.3f}")
```

Nach dem Ausführen des Skripts laden Sie das MLflow-UI neu, um Ihr Experiment „Iris_Classifier“ einzusehen. Dort sehen Sie Details wie Zeitstempel, Parameter, Metriken und Modellartefakte, die zum Download bereitstehen.

Fehlerbehebung bei der Installation

Falls Fehler auftreten:

```
pip install --upgrade pip setuptools wheel
```

- Unter Linux: `sudo apt install build-essential`

- Unter Windows: Install Visual Studio Build Tools

Fazit

Dieses Setup stellt Reproduzierbarkeit und sauberes Experiment-Tracking sicher und unterstützt eine spätere Migration zu Remote-MLflow-Servern. Es schafft zudem die Basis für erweitertes Logging: per-Epoch-Metriken, verschachtelte Runs und benutzerdefiniertes Artefakt-Logging – entscheidend für langfristige Zuverlässigkeit von KI-Systemen.

Logging, was zählt: Modellmetriken in MLflow erfassen

Das Tracking der Modellperformance im Zeitverlauf ist entscheidend für reale KI-Workflows. Die Tracking-API von MLflow ermöglicht strukturiertes, wiederholbares Logging von Schlüsselmetriken wie Accuracy, Loss und benutzerdefinierter Evaluationslogik.

Beginnen Sie damit, Ihre Trainingslogik in einen MLflow-Run zu kapseln, um sicherzustellen, dass Metriken, Parameter und Artefakte unter einem einheitlichen Kontext aufgezeichnet werden. Beispiel für Klassifikation:

```
import mlflow
from sklearn.ensemble import RandomForestClassifier
from sklearn.metrics import accuracy_score, log_loss
from sklearn.model_selection import train_test_split
import pandas as pd

# Load and split dataset
data = pd.read_csv("classification_data.csv")
X = data.drop(columns=["target"])
y = data["target"]
X_train, X_test, y_train, y_test = train_test_split(X, y,
test_size=0.2, random_state=42)

try:
    with mlflow.start_run():
        model = RandomForestClassifier(n_estimators=100,
random_state=42)
```

```python
        model.fit(X_train, y_train)
        y_pred = model.predict(X_test)
        y_pred_proba = model.predict_proba(X_test)

        acc = accuracy_score(y_test, y_pred)
        loss = log_loss(y_test, y_pred_proba)

        mlflow.log_metric("accuracy", acc)
        mlflow.log_metric("log_loss", loss)
        mlflow.set_tag("model_type", "RandomForestClassifier")
except Exception as e:
    print(f"MLflow Logging Error: {e}")
```

Im MLflow-UI loggt jeder Run Accuracy, Log Loss, Zeitstempel und Model Tags – so lassen sich Verbesserungen leicht vergleichen und nachverfolgen.

Logging für Regression

Regressionsaufgaben nutzen ähnliche Muster, loggen aber andere Metriken:

```python
from sklearn.linear_model import LinearRegression
from sklearn.metrics import mean_squared_error, mean_absolute_error

try:
    with mlflow.start_run():
        reg = LinearRegression()
        reg.fit(X_train, y_train)
        preds = reg.predict(X_test)
```

```
        mse = mean_squared_error(y_test, preds)
        mae = mean_absolute_error(y_test, preds)

        mlflow.log_metric("mean_squared_error", mse)
        mlflow.log_metric("mean_absolute_error", mae)
        mlflow.set_tag("problem_type", "regression")
except Exception as err:
    print(f"Regression Logging Failed: {err}")
```

MLflow zeigt diese Metriken sofort an, sodass sich Runs einfach filtern und vergleichen lassen.

Logging benutzerdefinierter Metriken

Sie können jede benutzerdefinierte Metrik loggen, z. B. den Matthews Correlation Coefficient (MCC):

```
from sklearn.metrics import matthews_corrcoef

try:
    with mlflow.start_run():
        mcc = matthews_corrcoef(y_test, y_pred)
        mlflow.log_metric("matthews_corrcoef", mcc)
except Exception as e:
    print(f"Custom Metric Logging Error: {e}")
```

Versionierung von Datensätzen

Für bessere Reproduzierbarkeit unterstützt MLflow auch Dataset-Versionierung:

```python
import mlflow.data

try:
    dataset_src = mlflow.data.from_pandas(
        df=X_train,
        source="s3://your-bucket/dataset.csv",
        name="training-data-v1"
    )
    mlflow.log_input(dataset_src, context="training")
    mlflow.log_param("dataset_version", "v1.2")
except Exception as e:
    print(f"Dataset Logging Error: {e}")
```

Diese Vorgehensweise verbindet Daten, Code und Ergebnisse für einen nahtlosen Übergang von Entwicklung zu Produktion. Sobald Metriken und Inputs geloggt sind, gruppiert und visualisiert das MLflow-UI sie automatisch. Diese Artefakte bilden die Grundlage für Dashboards und vergleichende Analysen – und ermöglichen fundierte Entscheidungen sowie kontinuierliche Optimierung.

Visualisierung von Erfolgen: Ergebnisse mit MLflow-Tools analysieren

Die Dashboard-Tools von MLflow ermöglichen es Teams, Schlüsselmetriken zu überwachen und Trends schnell zu erkennen. Navigieren Sie im Tracking-UI zu Ihrem Experiment, öffnen Sie den Tab „Charts“ oder „Visualize“ und wählen Sie Metriken wie Accuracy, Loss oder F1-Score. Nutzen Sie die Filterleiste, um Runs nach Tag, Parameter oder Benutzer zu isolieren. Gespeicherte Suchen erlauben angepasste Ansichten – hilfreich für rollenbasierte Dashboards wie „Model Metrics" für Data Scientists oder „KPI Summary" für Führungskräfte.

Dashboards für Teamrollen anpassen

Klicken Sie auf „Configure Columns", um Tabellen zu personalisieren, wichtige Spalten hervorzuheben und mit „Group by" Runs nach Modelltyp oder Dataset-Version zu organisieren. Fügen Sie „Comparison"-Ansichten hinzu, um Runs nebeneinander zu vergleichen. Data Scientists fokussieren sich oft auf Hyperparameter und Validierungsloss, Manager eher auf Deployability und Geschäftsauswirkungen. Speichern Sie jede Ansicht mit klaren Labels für schnellen Zugriff.

Daten filtern, gruppieren und navigieren

Nutzen Sie erweiterte Filter in der Suchleiste, z. B.: `params.optimizer = 'adam'`, um spezifische Konfigurationen zu filtern. Kombinieren Sie Filter mit logischen Operatoren, z. B.: (e.g.,`params.batch_size = 32 AND tags.build = 'production'`). Gruppieren Sie Runs nach beliebigen Parametern oder Tags, um Trends innerhalb ähnlicher Experimente sichtbar zu machen. Wechseln Sie zwischen gruppierten und ungruppierten Ansichten, um zwischen Zusammenfassungen und Detailansichten umzuschalten.

Vergleichsplots und Multi-Model-Analysen erstellen

Nutzen Sie die „Compare"-Funktion, um Metriken über mehrere Runs hinweg zu visualisieren. Erstellen Sie Linien- oder Balkendiagramme für Accuracy, Loss oder benutzerdefinierte KPIs. Beispielsweise lässt sich darstellen, wie Batch Size oder

Learning Rate die Modellperformance beeinflussen. Vergleichen Sie Architekturen – etwa CNN vs. ResNet – anhand von Metriken wie Validierungsloss oder Inferenzzeit. Ergänzen Sie Notizen für Kontext und kollaborative Entscheidungsfindung.

Längsschnitt-Analysen mit Plots

Verfolgen Sie den Fortschritt, indem Sie Metriken über die Zeit plotten. Wählen Sie eine Metrik (z. B. Accuracy), setzen Sie die X-Achse auf Zeit oder Epoche und aktivieren Sie Smoothing, um Trends zu verdeutlichen. So erkennen Sie Regressionen (Spikes), Verbesserungen (Aufwärtstrends) oder Stagnation (Plateaus). Diese Einblicke helfen beim Tuning und bei der Priorisierung von Experimenten.

Berichte generieren und anpassen

By mastering these visualization tools, teams accelerate iteration, enhance transparency, and connect experimentation to strategic goals. Exportieren Sie Dashboards über den „Export“-Button – wählen Sie HTML oder PDF. Fügen Sie Visualisierungen, gefilterte Tabellen und Metrikvergleiche hinzu. Für technische Reports binden Sie Rohdaten, Hyperparameter-Grids und Anmerkungen ein. Für Führungskräfte heben Sie Geschäftsergebnisse und nächste Schritte hervor. Teilen Sie Berichte per E-Mail oder internen Plattformen, um alle Stakeholder auf dem Laufenden zu halten.

Durch die Beherrschung dieser Visualisierungstools beschleunigen Teams Iterationen, erhöhen Transparenz und verknüpfen Experimente mit strategischen Zielen.

Den Kreis schließen: Iterationsstrategien für intelligenteres KI-Monitoring

Monitoring-Erkenntnisse bilden die Grundlage für kontinuierliche Verbesserungen in KI-Projekten. Durch das Sammeln gezielter Daten über den gesamten Modelllebenszyklus hinweg können Teams schnell auf Performance-Probleme reagieren, Features optimieren und mit strukturierten Feedback-Loops Fortschritte erzielen.

Feedback-gesteuertes Model-Tuning

Wenn ein Klassifikationsmodell aufgrund von Data Drift unterperformt, können MLflow-Dashboards Einbrüche in Precision oder Recall sichtbar machen. Feature-Importance-Logs helfen, problematische Segmente zu identifizieren. Teams nutzen dann historische Runs, um Hyperparameter anzupassen und Verbesserungen zu validieren.

```
import mlflow
from mlflow.tracking import MlflowClient

client = MlflowClient()
runs = client.search_runs(experiment_ids=["0"], filter_string="metrics.auc <
0.8")
for run in runs:
    print(f"Run {run.info.run_id} - Learning Rate: {run.data.params['lr']},
AUC: {run.data.metrics['auc']}")
```

Mit diesen Informationen können Teams Regularisierung oder Learning Rate anpassen und die Verbesserungen in zukünftigen Runs überwachen. Dieser iterative Prozess –

identifizieren, anpassen, validieren – sorgt für stetige Genauigkeitssteigerungen und Prozessreife.

Anomalieerkennungssysteme

Um Ausfälle zu verhindern, verfolgt MLflow benutzerdefinierte Metriken wie Latenzspitzen oder Feature Drift. Schwellenwerte werden anhand historischer Mittelwerte definiert. Überschreitungen können Alerts über Tools wie Slack oder PagerDuty auslösen:

```
alerts:
  - metric: latency
    threshold: 500
    action: notify_slack
```

Die Integration von Observability-Tools (z. B. Datadog) mit MLflow erhöht die Genauigkeit der Erkennung. Teams überprüfen False Positives monatlich, um Schwellenwerte neu zu kalibrieren und Alarmmüdigkeit zu reduzieren.

Best Practices für Dokumentation

Dokumentieren Sie jeden Tuning-Zyklus mit standardisierten Templates:

```
#### Experiment: Increased L2 Regularization
- Datum: 2024-04-15
- Hypothesis: Overfitting reduzieren durch stärkere Regularisierung
- Baseline AUC: 0.772
- Neue AUC: 0.804
- Datenversion: v1.13
```

```
- Notizen: Verbesserung in Segment X, leichter Rückgang im Recall bei
Segment Y
```

Speichern Sie Logs zentral, verknüpft mit MLflow-Run-IDs. Das verbessert Transparenz, Onboarding und institutionelles Wissen.

Implementierung von Review-Prozessen

Teams halten regelmäßige Reviews ab, um MLflow-Dashboards zu bewerten. Ausreißer lösen Root-Cause-Analysen und Task-Erstellung aus. Beispiel: Ein Präzisionsabfall in einem Kundensegment könnte zu einem Backlog-Eintrag für Retraining führen. Impact-Assessments helfen bei der Priorisierung: Hochrisiko-Probleme werden sofort behandelt, geringere Risiken wandern in zukünftige Sprints.

Strukturierte Reviews und teamübergreifende Trainings führen zu besserer Codequalität und zuverlässigeren Modellen – und verwandeln Monitoring-Insights in kontinuierlichen Mehrwert.

Alles zusammenbringen

Es ist nun klar, wie Monitoring robuste KI-Entwicklung stützt – und wie MLflow diesen Prozess durch Tracking, Visualisierung und kontinuierliches Feedback ermöglicht. Mit diesen Tools und Techniken können Teams proaktiv Probleme erkennen, vollständige Auditierbarkeit wahren und mit Zuversicht iterieren.

Diese Praktiken steigern nicht nur Performance und Zuverlässigkeit, sondern schaffen auch Vertrauen bei Stakeholdern. Ob beim Skalieren in die Produktion oder beim

Experimentieren mit neuen Modellen – MLflow wird zum Rückgrat eines nachhaltigen KI-Workflows.

Künftig wird die Anwendung dieser Strategien für Teams entscheidend sein, die reale KI-Systeme entwickeln und für den produktiven Einsatz skalieren wollen.

Kapitel 8
Von Projekten zum Traumjob: So gewinnen Sie mit Ihrer Arbeit KI-Stellen

Wie verwandelt man KI-Projekte in echte Jobchancen? Was lässt ein Portfolio im überfüllten Markt herausstechen? Und wie erklärt man seine Arbeit im Vorstellungsgespräch so, dass nicht nur technische Kompetenz, sondern auch konkreter Nutzen sichtbar wird?

In diesem Kapitel erfahren Sie, wie Sie KI-Projekte in überzeugende Werkzeuge für Ihre Karriereentwicklung verwandeln. Sie lernen, wie Sie ein herausragendes GitHub-Portfolio aufbauen, den Wert Ihrer Projekte in Interviews vermitteln und Profile wie LinkedIn oder Ihren Lebenslauf optimieren. Außerdem behandeln wir die Verwaltung von Bewerbungen, die Vorbereitung auf technische und persönliche Interviews sowie Strategien, um nach dem ersten Job wettbewerbsfähig zu bleiben.

Ein überzeugendes GitHub-Portfolio aufbauen

Ihre KI-Arbeiten professionell auf GitHub zu präsentieren, kann Türen zu Interviews und Jobangeboten öffnen. Recruiter bewerten Projekte oft auf den ersten Blick, daher sind klare Struktur, starke Dokumentation und nachweisbarer Erfolg entscheidend. Die Auffindbarkeit ist ebenso wichtig wie die Präsentation – besonders für technische Hiring Manager.

Repository-Namen

Der Name eines Repositories ist Ihre erste Gelegenheit, den Zweck zu kommunizieren. Bevorzugen Sie beschreibende, keyword-reiche Titel statt kryptischer oder verspielter Namen. Zum Beispiel:

- ✓ `object-detection-yolov8-pytorch`
- ✓ `sentiment-analysis-bert-finetuning`
- ✓ `fraud-detection-xgboost-credit-card-transactions`
- ✗ `SuperNetV2`
- ✗ `ProjectX_2024`
- ✗ `MLFinal`

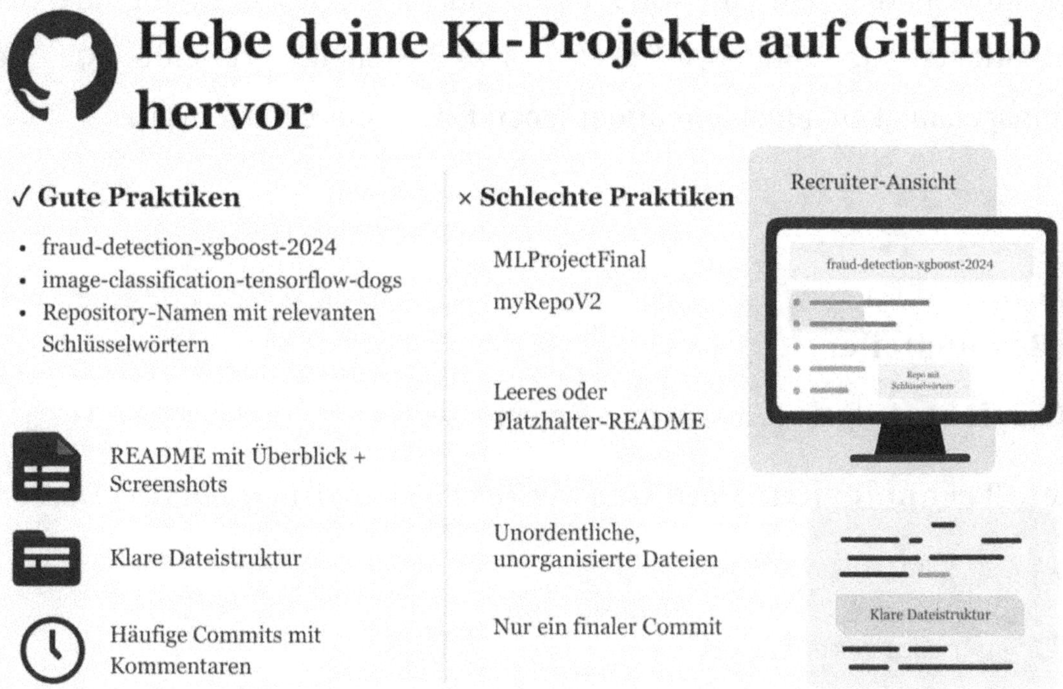

Das Ziel ist, sofort klarzumachen, was das Projekt tut, welche Tools es verwendet und in welchem Bereich es eingesetzt wird. Arbeiten Sie etwa mit Klassifikation und TensorFlow, signalisiert ein Name wie `image-classification-tensorflow-cats-vs-dogs` sofort die Aufgabe und den Technologie-Stack.

Dieser Ansatz verbessert die Sichtbarkeit in Suchergebnissen und stellt sicher, dass technische Entscheider Ihre Fähigkeiten auf einen Blick erkennen.

README-Dokumentation

Das README ist Ihre Kurzvorstellung – ein schneller Überblick, der Neugier weckt und Kompetenz zeigt. Es sollte die Zielsetzung klar beschreiben, den Nutzen hervorheben und Benutzer professionell durch Installation und Nutzung führen.

Ein effektiver Einstieg:

Dieses Repository enthält ein auf BERT basierendes Modell zur Erkennung von Benutzerintentionen in Support-Tickets. Das Modell erreichte 92 % Klassifikationsgenauigkeit auf einem öffentlichen E-Commerce-Datensatz.

Wichtige Bestandteile:

- **Projektübersicht:** Aufgabe, Ansatz und Ergebnisse.
- **Verwendete Technologien:** Klare Tags wie *TensorFlow, HuggingFace, Docker.*
- **`Installation`:**

```
pip install -r requirements.txt
python app.py
```

- **`Verwendung`:**

```
python predict.py --input sample.txt
```

- **Besondere Features:** Verbesserungen wie „Implementiert Mixup-Augmentation" oder „Enthält TensorBoard-Logging".
- **Troubleshooting & Feedback:** Häufige Probleme und Kontaktinfos vermitteln Professionalität.

Nutzen Sie Markdown für Klarheit ohne Überfrachtung. Ergänzen Sie leichte Visuals wie Diagramme, Screenshots oder kleine GIFs.

Demo-Materialien

Demo-Assets schaffen sofortige Klarheit. Ein kurzes (< 1 Min.) GIF oder Video, das „Input → Modell → Output" zeigt, reicht oft schon.
Für technische Demos sind gut strukturierte Jupyter Notebooks ideal. Enthalten sein sollten:

- Markdown-Überschriften (*Intro, Training, Inference*)
- Code- und Output-Zellen zusammen (*Charts, Confusion Matrices*)
- Setup am Anfang: Abhängigkeiten, Python-Version, Ressourcenbedarf

Verlinken Sie auf Colab oder Hugging Face Spaces, wenn möglich.

Commit-History-Management

Ihre Git-Historie spiegelt Ihre Arbeitsweise und Ihr technisches Denken wider. Halten Sie Commits fokussiert, atomar und aussagekräftig:

- ✓ `added data preprocessing pipeline`
- ✓ `implemented GRU model for forecasting`
- ✓ `refactored training loop, improved validation accuracy`

Vermeiden Sie vage oder Sammel-Commits wie:

- ✗ `stuff`
- ✗ `final update`
- ✗ `misc fixes`

Ein gesunder Commit-Flow könnte so aussehen:

```
[Init] add base directory & requirements.txt
Add exploratory data analysis notebook
Implement GRU-based model for time series
Refactor training loop for efficiency
Add evaluation script, update README with metrics
```

Nutzen Sie Branches für Experimente und mergen Sie sauber – das spiegelt reale Kollaborationspraxis wider.

Projekte, die gut benannt, dokumentiert und versioniert sind, wecken nicht nur Recruiter-Interesse – sie verschaffen Ihnen auch Selbstbewusstsein im Interview und langfristige Glaubwürdigkeit.

Projekte in Interviews präsentieren

Wirkung kommunizieren

AI-Projekte in Bewerbungsgesprächen überzeugend vorzustellen, beginnt damit, ihren **realen Nutzen** klar zu machen. Wenn Sie Projekte nach dem Business-Problem rahmen, das sie lösen, können Interviewer Ihre Arbeit mit greifbaren Ergebnissen verknüpfen.

Beispiele:

- *„Durch die Implementierung eines automatisierten Dokumentenprüfungssystems konnte ich die Vertragsanalysezeit um 75 % gegenüber der manuellen Bearbeitung reduzieren."*
- *„Entwickelte ein Fraud-Detection-Modell, das False Positives um 30 % senkte und so sicherere Kunden-Transaktionen ermöglichte."*

Recherchieren Sie den Arbeitgeber und verbinden Sie Ihre Erfolge mit seinem Geschäftsfeld:

- *„Optimierte Routenprognosen steigerten die Flotteneffizienz um 18 %, was direkt zu Ihrer Logistik-AI-Plattform passt."*

Ergebnisse quantifizieren

Nutzen Sie präzise Kennzahlen:

- „Defektraten mit Computer Vision um 15 % gesenkt.“
- „Moderationszyklen durch Textklassifikator um 50 % reduziert.“

Diese Zahlen liefern klare Belege für den Wert Ihrer Arbeit.

Technische Diskussion

Vermeiden Sie Jargon. Strukturieren Sie Erklärungen von der **High-Level-Entscheidung** zu den Details:

- *„Wir wählten Random Forests statt Logistic Regression, um nichtlineare Muster zu erkennen – und reduzierten False Negatives um 10 %.“*

Beispielaussagen:

- *„Grid-Search-Tuning erhöhte unseren F1-Score von 0,72 auf 0,81.“*
- *„Wir priorisierten Inferenzgeschwindigkeit und wählten MobileNet statt ResNet.“*

Brechen Sie Konzepte verständlich herunter:

- *„Wir bereinigten die Daten, trainierten Modelle, nutzten Cross-Validation und wählten dann die effizienteste Pipeline.“*

Projektnarrative entwickeln

Strukturieren Sie Ihre Antworten nach dem bewährten **STAR-Modell** (Situation, Task, Action, Result):

- **Situation**: „Onboarding-Verzögerungen senkten die Conversion.“
- **Task**: „Einen Dokumentenparser entwickeln.“
- **Action**: „OCR + regelbasierte NLP implementiert.“
- **Result**: „Onboarding-Zeit um 60 % reduziert.“

Heben Sie Wendepunkte hervor:
„Als False Positives zunahmen, labelte ich Daten neu – Präzision stieg dadurch um 20 %.“

Demos vorbereiten

Identifizieren Sie Projekt-Highlights (Dashboards, Skripte, Notebooks). Üben Sie die Präsentation. Bereiten Sie Slides vor mit:

- Projektziel
- Visuelle Ergebnisübersicht
- Backup-Screenshots für technische Probleme

Haben Sie Notfallpläne:

„Falls das Modell nicht lädt, gehe ich manuell durch die Kernschritte und erkläre das Debugging."

Klar strukturieren:

- Das ursprüngliche Problem
- Ihre Lösungsschritte
- Messbare Ergebnisse

Dies stärkt Ihre Glaubwürdigkeit und zeigt Gelassenheit – entscheidend in schnelllebigen, KI-getriebenen Arbeitsumgebungen.

Optimierung von LinkedIn und Lebenslauf für KI-Rollen

Beginnen Sie damit, mehrere KI-Stellenanzeigen zu analysieren und wiederkehrende Schlüsselwörter zu notieren – z. B. `machine learning pipeline,`" "model interpretability," "cloud deployment," or "PyTorch." Integrieren Sie diese Begriffe anschließend natürlich in Ihre LinkedIn-Zusammenfassung, Ihre Skills- und Erfahrungsabschnitte.

Integration von KI-Schlüsselwörtern ins Profil

Vermeiden Sie vage Formulierungen wie:

- "Built predictive models for business needs"

Verfeinern Sie diese stattdessen durch Spezifizität:

- "Designed and deployed supervised learning models for churn prediction using Python and Scikit-learn"

Fügen Sie Kontext über Tools und Ergebnisse hinzu:

- "Developed scalable ETL pipelines and preprocessing routines in Python/SQL for high-volume datasets"

Projektdetails und Aktionsverben für KI

Verwenden Sie wirkungsorientierte Sprache:

- "Optimized," "Automated," "Engineered," "Integrated"

Kombinieren Sie Ergebnisse mit Wirkung:

- "Reduced latency by 60% via model compression"
- "Automated retraining pipeline, cutting deployment time by 30%"
- "Increased fraud detection accuracy from 82% to 91% using PyTorch ensemble models"
- "Built TensorBoard and Grafana dashboards for proactive monitoring, reducing downtime 45%"

Formatieren Sie jede Rolle oder jedes Projekt mit 2–4 Bullet Points, die Arbeit und Business-Impact klar verknüpfen.

Projekte auf LinkedIn präsentieren

Nutzen Sie den Featured-Bereich, um hinzuzufügen:

1. PDFs mit visuellen Projektzusammenfassungen
2. GitHub-Links zu Code und Notebooks
3. Blogposts mit Problemlösungs-Schritten
4. Demo-Videos oder Walkthroughs

Beschreiben Sie jedes Item prägnant:

```
"Built Transformer-based summarizer; raised F1 from 0.63 to 0.74. Full
writeup and source code below."
```

Aktualisieren Sie Ihr Profil regelmäßig mit Awards, neuen Projekten und Präsentationen.

Starke Empfehlungen und Bestätigungen gewinnen

Platzieren Sie Top-KI-Skills wie "Machine Learning," "TensorFlow," oder "Model Deployment" “ im Skills-Bereich – begrenzen Sie auf 10 gezielte Kompetenzen.

Bitten Sie Mentoren oder Kollegen um endorsements und Empfehlungen mit Fokus:

```
"Can you mention my work on the fraud pipeline and monthly data audits?"
```

Beispiele für starke Empfehlungen:

```
"Alex deployed a scalable ML pipeline on AWS, improving campaign ROI by 50%."
```

Aktualisieren Sie Ihr Profil regelmäßig, um neue Zertifizierungen, Tools und messbare Ergebnisse zu reflektieren.

Das KI-Karriere-Kit: Bewerbungen beschleunigen

Um bei Arbeitgebern in KI aufzufallen, braucht es gezielte Outreach-Strategien mit den richtigen Tools. Recruiter-Mails sollten direkt und personalisiert sein und Ihre Kernprojekte mit den Anforderungen des Unternehmens verknüpfen.

Für maximale Wirkung:

- **Betreffzeile:** prägnant
- **Einleitung:** Motivation & Verbindung zum Unternehmen
- **Hauptteil:** 2 Sätze zu Projekten/Erfolgen passend zur Stelle
- **Abschluss:** Call-to-Action

Beispiel:

```
Subject: AI Engineer Application - [Your Name]
Hi [Recruiter Name],
I’m an AI developer passionate about deploying machine learning in healthcare. My recent project, [Project Title], improved diagnostic
```

accuracy at [Company/University Lab]. I was excited to see your opening for an AI Engineer at [Company], as my experience closely matches your requirements, especially in deploying models at scale. I'd love to discuss how I can contribute to your team's goals. When would be a good time to connect?

Best regards,

[Your Name]

[LinkedIn/GitHub link]

Um sicherzustellen, dass Sie keine Chancen aus den Augen verlieren, ist eine Bewerbungs-Checkliste entscheidend. Diese sollte Felder enthalten wie Firmenname,

Position, Bewerbungsdatum, Bewerbungsweg, Status (Applied/Interview/Offer/Rejected), Ansprechpartner und Follow-up-Datum. Ein Beispiel-Eintrag sieht so aus:

- `Company: HealthAI Solutions`
- `Role: Data Scientist`
- `Date Applied: 2025-04-15`
- `Application Method: Company Portal`
- `Status: Interview`
- `Key Contact: Jamie Lee (jamie.lee@healthai.com)`
- `Follow-up Date: 2025-04-22`

Tools wie *Teamtailor* oder *Teal's Job Application Tracker* automatisieren Erinnerungen, tracken Status-Änderungen und liefern Insights, wo Bewerbungen den meisten Erfolg haben.

Während Vorstellungsgesprächen prüfen Verhaltensfragen, wie Sie Probleme lösen und im Team zusammenarbeiten. Bereiten Sie STAR-Antworten (Situation, Task, Action, Result) für diese wichtigen Fragen vor:

1. Erzählen Sie von einer Situation, in der Sie ein schwieriges technisches Problem gelöst haben.
2. Beschreiben Sie ein Projekt, bei dem Sie unter engem Zeitdruck gearbeitet haben.
3. Geben Sie ein Beispiel dafür, wie Sie mit einem Teamkonflikt umgegangen sind.
4. Schildern Sie eine Situation, in der Sie in einem KI-Projekt Eigeninitiative ergriffen haben.

Eine vollständige STAR-Antwort für die erste Frage:

- **Situation**: Unser Team war mit Dateninkonsistenzen konfrontiert, die dazu führten, dass die Modellleistung wenige Tage vor dem Release abfiel.
- **Task**: Meine Aufgabe war es, die Ursache zu identifizieren und die Leistung wiederherzustellen.
- **Action**: Ich analysierte die Input-Datenpipeline, entdeckte Formatierungsfehler in den letzten Updates und schrieb ein Bereinigungsskript, um die Eingaben zu standardisieren.
- **Result**: Die Genauigkeit des Modells verbesserte sich um 15 %, und wir konnten planmäßig launchen, was zur Anerkennung des Teams führte.

Mehrere Versionen Ihrer STAR-Geschichten ermöglichen es Ihnen, diese während des Interviews anzupassen – je nachdem, ob die Frage den Schwerpunkt auf technische Fähigkeiten, Teamarbeit oder Führung legt. Überprüfen Sie Ihre Antworten regelmäßig mit Plattformen wie Pramp und Interviewing.io in simulierten Interviews.

Gehaltsverhandlungen wirken oft einschüchternd, aber mit klaren Gesprächsleitfäden treten Sie selbstbewusster auf. Wenn Sie ein Angebot erhalten, bitten Sie höflich um Zeit zur Prüfung, recherchieren Sie Durchschnittsgehälter für die Position mit Tools wie Glassdoor, Levels.fyi oder Payscale, und beginnen Sie dann die Verhandlung mit diesem Ansatz:

Sie: Vielen Dank für das Angebot. Auf Grundlage meiner Recherche und der Verantwortlichkeiten der AI-Engineer-Position habe ich mit einem Gehalt im Bereich von 110.000–125.000 USD gerechnet. Gibt es

```
Flexibilität, das Angebot stärker an die aktuellen Marktwerte
anzupassen?
```

Recruiter: Wir schätzen Ihr Feedback. Eventuell können wir das Angebot leicht anpassen.

Sie: Vielen Dank. Könnten wir zusätzlich zum Gehalt auch über einen Signing Bonus oder zusätzliche Urlaubstage sprechen?

Um Einwände zu behandeln, wiederholen Sie Ihren Wert und zeigen Flexibilität:

Recruiter: Unser Budget ist begrenzt.

You: Das verstehe ich und freue mich sehr auf die Arbeit mit Ihrem Team. Gibt es die Möglichkeit, das Gehalt nach sechs Monaten auf Basis der Leistung zu erhöhen?

Vorlagen und Checklisten sollten persönlich, aber effizient bleiben – passen Sie Details an, indem Sie etwa Unternehmenswerte einbeziehen, Schlüsselwörter aus Stellenanzeigen nutzen und STAR-Beispiele für spezifische Firmenprojekte anpassen. Eine Analyse der Bewerbungsmuster zeigt, welche Arten von Bewerbungen die meisten Rückmeldungen erhalten, und ermöglicht gezielte Strategieanpassungen. Verwenden Sie visuell konsistente Dokumente und passen Sie STAR-Geschichten an, um eine klare, aber flexible Erzählweise zu bewahren. Vermeiden Sie es, übermäßig zu personalisieren und dadurch an Authentizität zu verlieren.

Setzen Sie sich tägliche Ziele – bewerben Sie sich auf drei Stellen pro Tag oder 10–15 pro Woche. Achten Sie auf eine Antwortrate von mindestens 20 % und investieren Sie 3–5 Tage in die Vorbereitung auf jede Interviewrunde. Die Gehaltsspannen für

Einstiegspositionen im Bereich KI liegen typischerweise bei 90.000–120.000 USD, während Senior Engineers je nach Region und Unternehmen 130.000–170.000 USD verdienen

Durch die konsequente Anwendung dieser Methoden – effiziente Kontaktaufnahme, konsistentes Tracking, gezielte Vorbereitung auf Verhaltensfragen und selbstbewusste Verhandlung – bringen Sie sich auf einen Weg zu kontinuierlichem Wachstum und zur Entdeckung neuer Chancen im Bereich der künstlichen Intelligenz.

Relevant bleiben: Lernen und Wachsen über den ersten Job hinaus

Informiert und engagiert in der Branche bleiben

Die rasante Entwicklung der KI macht es unerlässlich, über aktuelle Trends, Tools und Durchbrüche informiert zu bleiben. Anstatt nur Schlagzeilen zu überfliegen, können Fachkräfte sich angewöhnen, etablierten Quellen zu folgen und sich aktiv in deren Communities einzubringen. Abonnements von Newslettern wie *The Batch* (deeplearning.ai), *Import AI* oder O'Reilly's AI-Newsletter bieten einen kuratierten Strom an Forschungshighlights und Produktankündigungen. Reserviere dir jede Woche dreißig Minuten, um die neuesten Ausgaben zu lesen, und reflektiere dann über neue Ideen oder Technologien, die deine Arbeit verbessern könnten. Erweitere dein Lernen, indem du Artikel kommentierst oder dich in den zugehörigen Foren wie *Reddit's r/MachineLearning* oder LinkedIn-Diskussionen einbringst. Stelle Fragen oder teile eine kurze Erkenntnis aus deiner eigenen Erfahrung mit einer Technik, die in einem aktuellen Artikel erwähnt wurde. Diese Handlungen fördern ein tieferes Verständnis und steigern gleichzeitig deine Sichtbarkeit in der Fachgemeinschaft – ein Kreislauf aus Wachstum und Netzwerkaufbau (Fauvel, 2025).

Dein Portfolio kuratieren und weiterentwickeln

Ein aktuelles Portfolio signalisiert Relevanz und Wachstumsbereitschaft. Erstelle einen vierteljährlichen Überprüfungsplan – markiere den Beginn jedes Quartals, um deine GitHub-Repositories oder deine persönliche Website zu aktualisieren. Ergänze neue Projekte in Trendbereichen wie *Generative AI* oder *Responsible AI*, um aktuelle Branchenschwerpunkte widerzuspiegeln (Loh et al., 2024). Bevor du ein Projekt hinzufügst, frage dich, ob es zu deinen wachsenden Interessen passt oder eine Kompetenzlücke schließt. Verfasse zu jedem Projekt eine kurze Zusammenfassung, die das Problem, deine Lösung und den erzielten Einfluss hervorhebt. Bewerte bestehende Projekte nach Kriterien wie Codequalität, Aktualität in Bezug auf moderne Frameworks, Relevanz für aktuelle Rollen sowie Feedback von Kollegen oder Online-Reviewern. Entferne Projekte, die veraltete Bibliotheken nutzen, keine klare Dokumentation haben oder keine relevanten Fähigkeiten zeigen. Statt jedes Nebenprojekt aufzubewahren, präsentiere zwei bis vier deiner besten und aktuellsten Arbeiten. Ein Beispiel: Wenn du dich in Richtung *Responsible AI* orientierst, ersetze alte Klassifikations-Skripte durch *Explainability Dashboards* oder Fallstudien zu *Bias Analysis* (Loh et al., 2024). Integriere Erkenntnisse aus Branchen-Newslettern – etwa eine neue Optimierungsmethode aus einem Blog – in ein reales Portfolio-Projekt. Dokumentiere, was dich zur Verfeinerung inspiriert hat, und füge Links oder kurze Kommentare in deinem Projekt-README hinzu, um dein aktives Engagement mit Branchentrends sichtbar zu machen (Fauvel, 2025).

Netzwerken und Community-Beziehungen aufbauen

Strategisches Netzwerken bedeutet mehr als das Sammeln von Kontakten auf LinkedIn. Nutze Plattformen wie *Meetup*, *Eventbrite* oder große Slack-/Discord-Channels mit KI-Fokus (z. B. *DataTalks.Club* oder *MLOps Community*), um gezielt Fachleute und Organisationen zu identifizieren. Wähle ein bis drei relevante Communities aus und beteilige dich mindestens zweimal im Monat an Diskussionen, indem du Ressourcen teilst, um Rat bittest oder dich für Gruppenprojekte engagierst. Suche Mentoren über Plattformen wie *ADPList* oder die Mentorship-Bereiche von *Women in AI* oder *Black in AI*. Verfasse eine prägnante, persönliche Nachricht, in der du erklärst, warum dich ihr Profil angesprochen hat, welche beruflichen Ziele du verfolgst und welche konkrete Fähigkeit du entwickeln möchtest. Eine direkte Anfrage wie: „Wären Sie bereit, 20 Minuten über skalierbare Model-Deployment-Strategien zu sprechen?" ist wirkungsvoller als eine allgemeine Bitte um Mentoring.

Auch kleine Beiträge zu Open-Source-Projekten – etwa durch Pull Requests oder Dokumentation – schaffen wertvolle Interaktionen. Solche Beiträge fördern Gegenseitigkeit und ermöglichen kollaboratives Lernen. Gleichzeitig baust du Verbindungen zu erfahrenen Praktikern auf, die später Job-Empfehlungen geben oder Feedback zu deiner Arbeit liefern können.

Miss deine Netzwerkaktivität, indem du zählst, wie viele bedeutungsvolle Gespräche du pro Monat führst, wie qualitativ die Antworten auf deine Fragen oder Ratschläge sind und wie oft dich neue Kontakte zur Zusammenarbeit oder zum Ressourcenteilen einladen.

Lernziele strukturieren und verfolgen

Berufliches Wachstum gedeiht durch klar definierte, messbare Lernziele. Wähle zu Beginn jedes Quartals zwei technische Themen, die deine Kernkompetenzen erweitern – etwa *Prompt Engineering* für generative KI oder die Implementierung von *Fairness Checks* – und setze konkrete Deadlines. Beispiel: „Bis Ende des Quartals eine Multi-Model-Inference-API mit FastAPI und Docker deployen." Zerlege größere Themen in wöchentliche Lernsprints. Falls du KI-Interpretierbarkeits-Tools meistern willst, plane einen Vier-Wochen-Fahrplan: Woche 1 – SHAP- und LIME-

Dokumentation lesen; Woche 2 – ein kleines Projekt mit einem öffentlichen Datensatz umsetzen; Woche 3 – erweiterte Features implementieren oder Methoden kombinieren; Woche 4 – einen Blogpost verfassen oder dein Portfolio aktualisieren. Verfolge deinen Fortschritt mit Tools wie *Notion, Trello* oder einem Bullet Journal. Koordiniere Meilenstein-Reviews mit Mentoren oder vertrauten Kollegen für regelmäßiges Feedback. Feiere abgeschlossene Lernziele – wie ein Coursera-Mikro-Zertifikat oder ein neues Portfolio-Projekt – indem du deine Erfahrungen im Netzwerk oder auf LinkedIn teilst.
Plane wiederkehrende Check-ins, um deine Lernstrategie an Projekterfordernisse oder Branchentrends aus Newslettern anzupassen. Die Fähigkeit, dich flexibel weiterzuentwickeln, erlernte Kompetenzen zu dokumentieren und dein Wissen zu teilen, schließt den Kreis zwischen Lernen und beruflichem Fortschritt. Diese Gewohnheiten sichern dir Agilität, Relevanz und Erfüllung in einer sich ständig wandelnden Arbeitswelt (Fauvel, 2025; Loh et al., 2024).

Alles zusammenführen

Nun hast du einen klaren Fahrplan, um herausragende Portfolios aufzubauen, deine Projekte effektiv in Interviews zu präsentieren, deine Profile zu optimieren und Bewerbungsprozesse mit praktischen Tools zu meistern. Mit diesen Strategien kannst du deine Fähigkeiten selbstbewusst unter Beweis stellen, den Einfluss deiner Projekte kommunizieren und Arbeitgebern zeigen, dass du für KI-Rollen bereit bist. Bleibe dran, verfeinere dein Portfolio kontinuierlich, trainiere deine Interview-Geschichten und pflege eine aktive Lernhaltung, um relevant zu bleiben und in der dynamischen KI-Landschaft stetig zu wachsen. Dieser proaktive Ansatz hilft dir nicht nur, deinen ersten KI-Job zu sichern, sondern auch eine nachhaltige, erfüllende Karriere aufzubauen.

Schlussfolgerung

Am Ende dieses Buches ist es an der Zeit, einen Moment innezuhalten und darüber nachzudenken, wie weit du seit der ersten Seite gekommen bist. Diese Reise drehte sich nie nur darum, eine Technologie zu erlernen oder eine Reihe von Tools auswendig zu können – sie war eine geführte Transformation, die dich befähigen sollte, ein selbstbewusster, berufsbereiter KI-Ingenieur zu werden. Jedes Kapitel, jede Übung und jedes Projekt war darauf ausgerichtet, dich von Neugierde zu Kompetenz zu führen – und dich auszustatten, KI nicht nur zu verstehen, sondern sie anzuwenden, zu deployen und letztlich die Zukunft mitzugestalten.

Von Anfang an hast du dich auf einen praxisorientierten Lernweg begeben, der auf reale Ergebnisse abzielt. Dieser projektbasierte Ansatz hat nicht nur deinen Werkzeugkasten gefüllt, sondern dir ermöglicht, wie ein Entwickler zu denken, Probleme wie ein Ingenieur zu lösen und dich wie ein Profi in einem sich schnell entwickelnden Umfeld anzupassen. Indem du diese Schritte befolgt und dich intensiv mit jedem Projekt beschäftigt hast, hast du gelernt, theoretisches Wissen in greifbare, marktfähige Fähigkeiten zu verwandeln – Fähigkeiten, die in der heutigen wettbewerbsintensiven KI-Landschaft herausstechen.

Im Verlauf dieses Buches haben wir das Gebiet des KI-Engineerings entmystifiziert. Du hast gelernt, dass es bei der Beherrschung von KI nicht nur um Algorithmen und Modelle geht – sondern um eine Denkweise, die auf Bauen, Experimentieren und kontinuierliche Verbesserung ausgerichtet ist. Anstatt dich ausschließlich auf abstrakte Konzepte zu konzentrieren, hast du dich mit sinnvollen Projekten auseinandergesetzt, die echte Herausforderungen adressieren. Jeder Meilenstein hat zu einer kohärenten Erzählung beigetragen: den sicheren Umgang mit modernen Tools wie OpenAI API, HuggingFace,

FastAPI, Docker und MLflow; das Verständnis, wie diese Technologien ineinandergreifen; und die Fähigkeit, sie zu nutzen, um reale, deploybare KI-Systeme zu betreiben.

Das Verständnis von Toolchains wurde nicht als isolierte Aufgabe dargestellt. Stattdessen hast du gesehen, wie jedes Element Teil eines umfassenden Rahmens ist, der für langfristiges berufliches Wachstum erforderlich ist. Eine Sentiment-Analyse-Pipeline aufbauen, Modelle mit Containern deployen, skalierbare, produktionsreife APIs entwerfen – jeder Schritt hat neues Wissen auf den vorherigen geschichtet und deine Fähigkeit verstärkt, in jedem KI-Umfeld Mehrwert zu schaffen.

Eines der wichtigsten Ziele dieses Buches war es, dich mit Durchbruchs-Einsichten auszustatten. Eine zentrale Lektion: Projektbasiertes Lernen schlägt theoriebasiertes Studium konsequent, wenn es um Berufsfähigkeit geht. Bücher und Vorlesungen liefern Grundlagen, aber erst die praktische Arbeit festigt Expertise und liefert Beweise für Kompetenz. Indem du End-to-End-Projekte abgeschlossen – und dich nicht vor Deployment, Monitoring und Iteration gescheut – hast, hast du gelernt, KI-Lösungen zu liefern, die nicht nur in Notebooks funktionieren, sondern in der realen Welt, in der Nutzer auf Zuverlässigkeit und Skalierbarkeit angewiesen sind.

Du hast den Wert von Modell-Finetuning erkannt, insbesondere in Nischenbereichen, in denen allgemeine Lösungen oft scheitern. Die Erfahrung mit Datenauswahl, Modellanpassung und Performanzbewertung hat dir praktische Einblicke in eines der wertvollsten Felder moderner KI gegeben. Und durch den Aufbau eines gut gestalteten Portfolios – einer Sammlung nicht nur dessen, was du gebaut hast, sondern auch wie du Probleme gelöst, aus Fehlern gelernt und dich schrittweise verbessert hast – hältst du nun ein Karrieretool in den Händen, das Türen öffnen und deinen Übergang vom Lernenden zum Praktiker beschleunigen kann.

Der Weg war nicht einfach. Dieses Material zu durchdringen, erforderte Aufmerksamkeit, Ausdauer und Anpassungsfähigkeit. Viele von euch haben das Lernen mit anspruchsvollen Zeitplänen verbunden, technische Hürden überwunden und Momente der Frustration gemeistert. Es ist wichtig, die Hingabe anzuerkennen, die diese Bemühungen darstellen. Diese Projekte und Kapitel abzuschließen, ist eine Leistung, die es wert ist, gefeiert zu werden. Sei stolz auf den Weg, den du zurückgelegt hast, und wisse, dass jede gemeisterte Herausforderung dich auf die Anforderungen des professionellen KI-Engineerings vorbereitet hat.

Doch hier endet die Reise nicht. Anhaltender Fortschritt ist in einer sich schnell bewegenden Welt entscheidend. Gewöhne dir an, dein Portfolio regelmäßig mit neuen Projekten und Ideen zu aktualisieren. Engagiere dich aktiv in dynamischen KI-Communities – online, auf Konferenzen oder bei lokalen Meetups. Bleibe aufmerksam gegenüber neuen Trends, aufkommenden Tools und Best Practices. Setze dir klare persönliche Ziele für kontinuierliches Lernen und stimme deine eigenen Projekte möglichst mit den Aufgaben und Bedürfnissen ab, die dir im Berufsalltag begegnen. Durch die Verbindung von kontinuierlichem Experimentieren mit realer Arbeit vertiefst du deine Expertise und bleibst auf dem neuesten Stand.

Wichtig ist: Gehe diesen Weg nicht isoliert. Eine der effektivsten Methoden, dein Wissen zu festigen, Feedback zu gewinnen und neue Chancen zu erschließen, ist es, deine Fortschritte und Erkenntnisse offen zu teilen. Beteilige dich an Open-Source-Projekten, schreibe Blogposts oder Tutorials, nimm an Lerngruppen teil oder präsentiere deine Arbeit in beruflichen Netzwerken. Dieses Teilen ist kein bloßes „Extra“ – es ist zentral für den Aufbau eines unterstützenden Netzwerks und für den Fortschritt sowohl deiner eigenen als auch der gemeinschaftlichen Arbeit im Bereich KI-Engineering. Indem du anderen beim Lernen hilfst, stärkst du auch dein eigenes Verständnis und trägst zu einer Kultur praktischer, zugänglicher KI-Bildung bei.

Vielen Dank, dass du dieses Buch als deinen Begleiter gewählt und deine Zeit und Energie in den Aufbau deiner Fähigkeiten investiert hast. Deine Bereitschaft, dich mit komplexen Ideen auseinanderzusetzen, schwierige Herausforderungen zu meistern und dort weiterzumachen, wo andere vielleicht aufgegeben hätten, macht dich zu einem Teil einer neuen Generation von KI-Ingenieuren. Deine Reise steht nicht nur für persönlichen Fortschritt, sondern für die Teilnahme an einer breiteren Bewegung, die darauf abzielt, leistungsfähige, verantwortungsbewusste KI branchenübergreifend zugänglich und nutzbar zu machen.

Nun liegt es an dir, die volle Verantwortung für deinen beruflichen Weg zu übernehmen. Der hier skizzierte Fahrplan – von Grundlagen bis zum Deployment, von Tool-Mastery bis zu aussagekräftigen Portfolios – ist erprobt und zuverlässig. Doch der entscheidende Faktor für langfristigen Erfolg bist du selbst: deine Initiative und Anpassungsfähigkeit. Gehe jedes neue Projekt mit Selbstvertrauen an, im Wissen, dass du sowohl die technische Grundlage als auch die praktische Erfahrung hast, um Unsicherheiten zu meistern und Hindernisse zu überwinden. Entwickle die Haltung eines lebenslangen Entdeckers: Experimentiere mutig, lerne unermüdlich und betrachte Herausforderungen als Tore zu tieferem Verständnis und größerem Einfluss.

Vergiss nicht: Das KI-Feld ist dynamisch, es wird täglich von Innovationen und Entdeckungen geprägt. Neugier und kontinuierliches Lernen sind deine größten Ressourcen. Betrachte dieses Buch nicht als Endpunkt, sondern als Sprungbrett – eine solide Grundlage, auf der du dein Wissen unbegrenzt ausbauen kannst. Mit den Fähigkeiten, der Haltung und dem Gemeinschaftssinn, die du hier entwickelt hast, bist du bereit, nicht nur mit der Entwicklung der KI Schritt zu halten, sondern sie mitzugestalten, andere zu inspirieren und bedeutungsvoll zur Zukunft beizutragen.

Deine Reise als KI-Ingenieur hat gerade erst begonnen. Nimm die hier geförderte Ausdauer, Kreativität und den kollaborativen Geist mit. Gehe deinen Weg, unterstütze andere und baue weiter. Der nächste Durchbruch – vielleicht sogar der nächste große Sprung in der KI – könnte mit deinem nächsten Projekt beginnen

Dein nächster Schritt zur realen KI

Du hast dir gerade die strategische Denkweise, die Fähigkeiten und die Projektideen angeeignet, um deine Reise als echter KI-Ingenieur zu beginnen.

Jetzt ist es an der Zeit, alles in die Praxis umzusetzen – und wir haben die Werkzeuge erstellt, die dir genau dabei helfen.

Lade dir deine exklusiven **KI-BONUSMATERIALIEN** herunter, darunter:

- **AI Starter Project Pack** – vier GitHub-Repositories, die sofort geklont, angepasst und präsentiert werden können
- **AI Career Kit** – Portfolio-Vorlagen, Lebenslauf-Frameworks und Prompt-Beispiele für Interviews

Diese Ressourcen vervollständigen dein Training und helfen dir, dein Wissen in greifbare Ergebnisse zu verwandeln.

scannen sie den qr-code unten, um beide bonusmaterialien sofort herunterzuladen.

Referenzliste

Kapitel 1 - KI-Engineering-Start: Der Schlüssel zur Zukunft

Hornberger, M., Bewersdorff, A., & Nerdel, C. (2023, January 1). *What do university students know about Artificial Intelligence? Development and validation of an AI literacy test.* Computers and Education: Artificial Intelligence. https://doi.org/10.1016/j.caeai.2023.100165

John Hopkins University. (2024, June 14). *The Impact of AI on the Engineering Field.* Johns Hopkins Engineering Online. https://ep.jhu.edu/news/the-impact-of-ai-on-the-engineering-field/

Jankowski, J. (2018, June 1). *The true history of spaced repetition.* SuperMemo. https://www.supermemo.com/en/blog/the-true-history-of-spaced-repetition

Job, A. (2025, June 5). *redShift Recruiting.* RedShift Recruiting. https://www.redshiftrecruiting.com/career-blog/ai-job-search-tools

Northwest, E. (n.d.). *Using Project-Based Blended Learning to Engage Career and Technical Education Students.* Education Northwest. https://educationnorthwest.org/insights/using-project-based-blended-learning-engage-career-and-technical-education-students

Schools, S. (2025, May 9). *Benefits of Project-Based Learning in Online Education.* Sora Schools. https://soraschools.com/blog/benefits-of-project-based-learning-in-online-education

Stine-Morrow, E. A. L., Payne, B. R., Roberts, B. W., Kramer, A. F., Morrow, D. G., Payne, L., Hill, P. L., Jackson, J. J., Gao, X., Noh, S. R., Janke, M. C., & Parisi, J. M. (2014,

December). *Training versus engagement as paths to cognitive enrichment with aging.* Psychology and Aging. https://doi.org/10.1037/a0038244

University Of San Diego. (2024, February 21). *4 Ways AI Impacts the Job Market & Employment Trends.* University of San Diego Online Degrees; University of San Diego. https://onlinedegrees.sandiego.edu/ai-impact-on-job-market/

Why Age 13-19 is ideal for Learning AI: The Science Behind Teen AI Mastery - LearnWithPride. (2025, May 31). Learnwithpride. https://learnwithpride.co.uk/why-age-13-19-is-ideal-for-learning-ai/

luminousmen. (2022). *Practical Guide to Navigating Tech Job Market: Job Search and Networking.* Blog | Iamluminousmen. https://luminousmen.com/post/practical-guide-to-navigating-tech-job-market/

Kapitel 2 - KI-Engineering entschlüsselt: Grundlagen und Fallstricke

Artificial Intelligence vs. Machine Learning | CMU. (n.d.). Www.calmu.edu. https://www.calmu.edu/news/artificial-intelligence-vs-machine-learning

Benigni, A. (2025, February 26). *The Future of Software Development in the AI Era.* DEV Community. https://dev.to/alessandro_benigni/the-future-of-software-development-in-the-ai-era-nn2

Chiu, T. K. F., Ahmad, Z., Ismailov, M., & Sanusi, I. T. (2024, June 1). *What are artificial intelligence literacy and competency? A comprehensive framework to support them.* Computers and Education Open. https://doi.org/10.1016/j.caeo.2024.100171

Kalayjian, V. (2024, December 31). *Systems Thinking - Vazken Kalayjian - Medium.* Medium. https://kalayjian.medium.com/systems-thinking-31f25db98433

Masood, A. (2025, May 24). *AI in Project Management — How Generative and Agentic AI Are Redefining Strategy, Execution, and Value Delivery*. Medium. https://medium.com/@adnanmasood/ai-in-project-management-how-generative-and-agentic-ai-are-redefining-strategy-execution-and-ccfd45229e7b

OECD. (2025). *Skill needs and policies in the age of artificial intelligence.* OECD. https://www.oecd.org/en/publications/oecd-employment-outlook-2023_08785bba-en/full-report/skill-needs-and-policies-in-the-age-of-artificial-intelligence_fe530fbf.html

Sharps, S. (2024, November 8). *The Impact of AI on the Labour Market.* Institute.global; Tony Blair Institute. https://institute.global/insights/economic-prosperity/the-impact-of-ai-on-the-labour-market

What Is the AI Development Lifecycle? (2015). Palo Alto Networks. https://www.paloaltonetworks.com/cyberpedia/ai-development-lifecycle

aijobs.net will become foo🦍 - visit foorilla.com! (2024). Aijobs.net. https://aijobs.net/insights/ai-scientist-vs-machine-learning-research-engineer/

de Saint Laurent, C. (2018, November 30). *In defence of machine learning: Debunking the myths of artificial intelligence.* Europe's Journal of Psychology. https://doi.org/10.5964/ejop.v14i4.1823

Kapitel 3 - Die Werkzeuge eines KI-Ingenieurs: Ihr moderner Stack

Breaking Down the Web Application Deployment Process. (n.d.). Western Governors University. https://www.wgu.edu/blog/breaking-down-web-application-deployment-process2311.html

Daily Papers - Hugging Face. (2025). Huggingface.co. https://huggingface.co/papers?q=fine-tuning-as-a-service

Daily Papers - Hugging Face. (2025). Huggingface.co. https://huggingface.co/papers?q=dissemination%20of%20finetuned%20models

MLflow: A Tool for Managing the Machine Learning Lifecycle | MLflow. (2025). Mlflow.org. https://mlflow.org/docs/latest/ml/

MLflow. (2025). Mlflow.org. http://mlflow.org/classical-ml/experiment-tracking

Practical Guide for Model Selection for Real-World Use Cases | OpenAI Cookbook. (2025). Openai.com. https://cookbook.openai.com/examples/partners/model_selection_guide/model_selection_guide

Raman Bazhanau. (2024, October 7). *Preparing FastAPI for Production: A Comprehensive Guide.* Medium. https://medium.com/@ramanbazhanau/preparing-fastapi-for-production-a-comprehensive-guide-d167e693aa2b

Service, D. (2024, April 30). *FastAPI Best Practices: A Condensed Guide with Examples.* DEV Community. https://dev.to/devasservice/fastapi-best-practices-a-condensed-guide-with-examples-3pa5?context=digest

TheTechPencil. (2025, March 17). *OpenAI's New AI Toolkit - TheTechPencil - Medium.* Medium. https://medium.com/@TheTechPencil/openais-new-ai-toolkit-e5e563e26963

Vidya Ugare. (2024). *DOCKER CONTAINERS: REVOLUTIONIZING SOFTWARE DEPLOYMENT AND INFRASTRUCTURE MANAGEMENT.* Madhya Bharti - Humanities and Social Sciences UGC Care Group I Journal (मध्य भारती) ISSN: 0974-0066. https://www.academia.edu/122500019/DOCKER_CONTAINERS_REVOLUTIONIZING_SOFTWARE_DEPLOYMENT_AND_INFRASTRUCTURE_MANAGEMENT

Kapitel 4 - Magie der Chatbots: Dein erstes KI-Projekt mit OpenAI entwickeln

Amore Rossouw, & Smuts, H. (2023, January 1). *Key Principles Pertinent to User Experience Design for Conversational User Interfaces: A Conceptual Learning Model.* Lecture Notes in Computer Science. https://doi.org/10.1007/978-3-031-40113-8_17

Building an AI Chatbot Using Python and NLP. (2024, December 6). Alltius.ai; Alltius. https://www.alltius.ai/glossary/complete-guide-to-build-your-ai-chatbot-with-nlp-in-python

Building a Conversational Chatbot with GPT-4: Step-by-Step Guide. (2024). Artiba.org. https://www.artiba.org/blog/building-a-conversational-chatbot-with-gpt-4-step-by-step-guide

Botable Blog | Boost Efficiency: Chatbots & Continuous Feedback Loops in Your QMS. (2025). Botable.ai. https://www.botable.ai/blog/quality-improvement-feedback-loops-using-chatbots

GeeksforGeeks. (2024, January 6). *Develop an LLM Application using Openai.* GeeksforGeeks. https://www.geeksforgeeks.org/develop-an-llm-application-using-openai/

How to Contribute to Open-Source Projects – A Handbook for Beginners. (2023, September 6). FreeCodeCamp.org. https://www.freecodecamp.org/news/how-to-contribute-to-open-source-handbook/

Interactive Programs. (2020). Software Design. https://softdes.olin.edu/docs/projects/interactivity/

Janssen, A., Rodríguez Cardona, D., Passlick, J., & Breitner, M. H. (2022, December). *How to Make chatbots productive – A user-oriented implementation framework.* International Journal of Human-Computer Studies. https://doi.org/10.1016/j.ijhcs.2022.102921

SmythOS - A Comprehensive Guide to Conversational Agents and Chatbot Testing. (2024, November 4). SmythOS. https://smythos.com/ai-agents/conversational-agents/conversational-agents-and-chatbot-testing/

pygpt-net. (2023, April 14). PyPI. https://pypi.org/project/pygpt-net/0.9.3/

Kapitel 5 - Tiefer eintauchen: Feinabstimmung von KI mit HuggingFace

AI Fine Tuned Models Strategy. (2025, May). Stratechi.com. https://www.stratechi.com/ai-fine-tuned-models-strategy/

Bhat, A., Coursey, A., Hu, G., Li, S., Nahar, N., Zhou, S., Kästner, C., & Guo, J. L. C. (2023, April 19). *Aspirations and Practice of Model Documentation: Moving the*

Needle with Nudging and Traceability. ArXiv.org. https://doi.org/10.1145/3544548.3581518

GeeksforGeeks. (2017, November 21). *Cross Validation in Machine Learning*. GeeksforGeeks. https://www.geeksforgeeks.org/machine-learning/cross-validation-machine-learning/

Kerner, S. M. (2025, June 27). *Why your enterprise AI strategy needs both open and closed models: The TCO reality check*. VentureBeat. https://venturebeat.com/ai/why-your-enterprise-ai-strategy-needs-both-open-and-closed-models-the-tco-reality-check/

Resources for using Hugging Face with Amazon SageMaker AI - Amazon SageMaker AI. (2025). Amazon.com. https://docs.aws.amazon.com/sagemaker/latest/dg/hugging-face.html

Rao, S. (2025, June 14). *The Comprehensive Guide to Fine-tuning LLM - Data Science Collective - Medium*. Medium; Data Science Collective. https://medium.com/data-science-collective/comprehensive-guide-to-fine-tuning-llm-4a8fd4d0e0af

Srivastava, T. (2019, August 6). *Evaluation Metrics Machine Learning*. Analytics Vidhya. https://www.analyticsvidhya.com/blog/2019/08/11-important-model-evaluation-error-metrics/

Schmid, P. (2020). *philschmid-de-blog*. Huggingface.co. https://huggingface.co/datasets/philschmid/philschmid-de-blog

huggingface. (2020). *notebooks/transformers_doc/en/training.ipynb at main · huggingface/notebooks*. GitHub. https://github.com/huggingface/notebooks/blob/main/transformers_doc/en/training.ipynb

Kapitel 6 - Vom Notebook zur Web-App: KI-Bereitstellung mit FastAPI und Docker

10 Software Engineering Skills Needed to Lead in the AI Economy - The Quantic Blog. (2025, January 28). Quantic School of Business and Technology. https://quantic.edu/blog/2025/01/28/10-software-engineering-skills-needed-to-lead-in-the-ai-economy/

AI: Community of Practice | Emerging Technologies. (2022). Columbia.edu. https://etc.cuit.columbia.edu/AI-community-of-practice

API Keys Security & Secrets Management Best Practices - GitGuardian Blog. (2023, March 9). GitGuardian Blog - Code Security for the DevOps Generation. https://blog.gitguardian.com/secrets-api-management/

API Key Best Practices: Keeping Your Keys Safe and Secure | Anthropic Help Center. (2025). Anthropic.com. https://support.anthropic.com/en/articles/9767949-api-key-best-practices-keeping-your-keys-safe-and-secure

Baker, J. (2023, September 21). *Docker Containerization Simplified*. DevOps Pros. https://opspros.com/docker-containerization-simplified/

FastAPI. (2023). *FastAPI*. Fastapi.tiangolo.com. https://fastapi.tiangolo.com/

First Steps - FastAPI. (n.d.). Fastapi.tiangolo.com. https://fastapi.tiangolo.com/tutorial/first-steps/

GeeksforGeeks. (2019, September 17). *Containerization using Docker*. GeeksforGeeks. https://www.geeksforgeeks.org/blogs/containerization-using-docker/

Salerno, P. (2024, November 15). *The Impact of AI and Automation on Software Development: A Deep Dive*. IEEE Chicago Section. https://ieeechicago.org/the-impact-of-ai-and-automation-on-software-development-a-deep-dive/

https://www.srainternational.org/people/srai-jra2. (2025, May 22). *Advancing Research Administration with AI: A Case Study from Emory University*. Srainternational.org. https://www.srainternational.org/blogs/srai-jra2/2025/05/22/advancing-research-administration-with-ai-emory

Kapitel 7 - Smart Monitoring: Tracking, Logging und Optimierung mit MLflow

Adelakun, B. (2022, December 30). *The Impact Of AI On Internal Auditing: Transforming Practices And Ensuring Compliance*. Finance & Accounting Research Journal; Fair East Publishers. https://doi.org/10.51594/farj.v4i6.1316

Anglen, J. (2024, September 19). *AI Agent Predictive Device Failure Detector: A Comprehensive Guide*. Rapidinnovation.io; Rapid Innovation. https://www.rapidinnovation.io/post/ai-agent-predictive-device-failure-detector

Crudu, A. (2024, March 22). *Leveraging Machine Learning for Predictive Testing in Software Development - Boost Quality and Efficiency*. Moldstud.com; MoldStud - Custom Software Development Company. https://moldstud.com/articles/p-leveraging-machine-learning-for-predictive-testing-in-software-development

How to add MLflow to your Kedro workflow — kedro 0.19.14 documentation. (2025, March 10). Kedro.org. https://docs.kedro.org/en/stable/integrations/mlflow.html

MLflow Dataset Tracking | MLflow. (2024). Mlflow.org. https://mlflow.org/docs/latest/ml/dataset/

M. Harshvardhan, Curtland, C., Hwang, J., VanDam, C., Ghozeil, A., Neto, P. A., Marie, F., & Liu, C. (2025, May 29). *Print Demand Forecasting with Machine Learning at HP Inc.* INFORMS Journal on Applied Analytics; Institute for Operations Research and the Management Sciences. https://doi.org/10.1287/inte.2024.0126

MLflow with Optuna: Hyperparameter Optimization and Tracking | MLflow. (2023). Mlflow.org. https://mlflow.org/docs/latest/ml/traditional-ml/tutorials/hyperparameter-tuning/notebooks/hyperparameter-tuning-with-child-runs

Oyefolu, O. (2025, January 14). *Introduction to MLflow: Tracking, Models, and Projects.* Medium. https://medium.com/@laoluoyefolu/introduction-to-mlflow-tracking-models-and-projects-a84c4cac2335

Slashdot. (2025). Slashdot.org. https://slashdot.org/software/ml-experiment-tracking/

Software Engineering Just Got Smarter: Inside the Rise of AI-Native Delivery. (2025). Ideas2it.com. https://www.ideas2it.com/blogs/ai-in-software-engineering

Kapitel 8 - Von Projekten zum Traumjob: So gewinnen Sie mit Ihrer Arbeit KI-Stellen

Brown, F. (2017, February 14). *TechnologyAdvice Guide to Applicant Tracking Systems.* TechnologyAdvice; TechnologyAdvice. https://technologyadvice.com/applicant-tracking-systems/

Best Practices for Optimizing a GitHub Profile? · community · Discussion #154875. (2025, March 24). GitHub. https://github.com/orgs/community/discussions/154875

Dwivedi, Y. K. (2023, August). *"So What If ChatGPT Wrote it?" Multidisciplinary Perspectives on opportunities, Challenges and Implications of Generative*

Conversational AI for research, Practice and Policy. International Journal of Information Management. https://doi.org/10.1016/j.ijinfomgt.2023.102642

Fauvel, W. (2025). *AI-driven skill shift: The need for continuous upskilling. AMPLYFI.* Retrieved from https://amplyfi.com/blog/ai-driven-skill-shift-the-need-for-continuous-upskilling/

Free Resume Tools Archives · Page 2 of 7 · ResuFit. (2025, April 5). ResuFit. https://www.resufit.com/blog/tag/free-resume-tools/page/2/

How to Optimize a LinkedIn Profile in 2024? (2024, May 22). WORK on PEAK. https://workonpeak.org/how-to-optimize-a-linkedin-profile-in-2024/

Hall, B. (2024, April 12). *101 real-world gen AI use cases from the world's leading organizations*. Google Cloud Blog. https://cloud.google.com/transform/101-real-world-generative-ai-use-cases-from-industry-leaders

Loh, H.-H., Beauchene, V., Lukic, V., & Shenoy, R. (2024, October 8). *Five Must-Haves for Effective AI Upskilling*. BCG Global. https://www.bcg.com/publications/2024/five-must-haves-for-ai-upskilling

Resumes, Cover Letters, and LinkedIn - Making Waves Education Foundation. (2025, April 22). Making Waves Education Foundation. https://making-waves.org/career/resumes-cover-letters-and-linkedin/

Sonu, N. R. (2022, July 18). *How to create an effective GitHub project README?* Masai School. https://www.masaischool.com/blog/how-to-create-an-effective-github-project-readme-2/

Über den Autor

Nathan J. Halridge ist Computeringenieur, Dozent und Mentor mit über 20 Jahren Erfahrung in der Softwareentwicklung und mehr als einem Jahrzehnt praktischer Expertise im Bereich der Künstlichen Intelligenz.

Nach seiner Tätigkeit bei einigen der führenden Technologieunternehmen in den USA entschied er sich, sich der Lehre zu widmen – mit dem Ziel, KI für alle zugänglich zu machen, von Berufseinsteigern bis hin zu jungen Lernenden.

Mit einem akademischen Hintergrund in Ingenieurwissenschaften und einer Laufbahn, die sich zwischen dem Silicon Valley und innovativen Start-ups erstreckt, ist Nathan für seinen klaren und praxisorientierten Ansatz beim technischen Lernen bekannt.

Er hat an mehreren amerikanischen Universitäten unterrichtet, zu bedeutenden Open-Source-Projekten beigetragen und Hunderte von Studierenden ausgebildet – von den ersten Schritten bis hin zu praxisnahen Anwendungen.

Mit diesem Buch teilt er erprobte Werkzeuge, Strategien und Erkenntnisse, um jedem Leser dabei zu helfen, ein solides Fundament im Bereich AI Engineering aufzubauen – ohne Abkürzungen, sondern mit echter, praxisnaher Anleitung.

Ihre Rezension kann einen Unterschied machen …

Wenn Ihnen dieses Buch geholfen hat, AI Engineering besser zu verstehen oder neue Ideen für eigene Projekte zu entwickeln, würde ich mich sehr freuen, Ihre Gedanken dazu auf Amazon zu lesen.

Ihre Rezension ist nicht nur eine wertvolle Unterstützung für dieses Werk – sie kann auch vielen anderen Leserinnen und Lesern helfen, einen praktischen und verlässlichen Leitfaden für ihren eigenen Weg zu finden.

Vielen herzlichen Dank im Voraus, dass Sie Ihre Eindrücke zu diesem Buch teilen. Und ein aufrichtiges Dankeschön dafür, dass Sie mir Ihr Vertrauen geschenkt haben und sich entschieden haben, das **AI Engineering Starter Kit** zu lesen.

👉 [Scannen Sie den QR-Code oder klicken Sie hier, um eine Rezension zu hinterlassen]

www.ingramcontent.com/pod-product-compliance
Lightning Source LLC
LaVergne TN
LVHW081132051026
849532LV00010B/3239